Anselm Grün

Benedikt von Nursia

W0197961

HERDER spektrum

Band 5106

Das Buch

Der Wahlspruch „bete und arbeite – ora et labora" hat nicht nur das benediktinische Mönchtum mit seinen imponierenden Klosterbauten und seiner vom gregorianischen Choral inspirierten Liturgie tief geprägt, sondern das Christentum insgesamt und vor allem seine Spiritualität. Wer war Benedikt von Nursia (480–547), auf den dies alles letztlich zurückgeht? Sein Leben als Einsiedler, als geistlicher Begleiter und Ordensgründer in der bewegten Epoche der Spätantike fasziniert bis heute. Sein Hauptwerk aber ist und bleibt die berühmte „Regel", die er um 550 für das gemeinsame Leben der Mönche auf dem Montecassino verfasst hat. Im Rückgriff auf diese Quellen und aus jahrzehntelanger benediktinischer Erfahrung zeichnet Anselm Grün das spirituelle Porträt Benedikts für heute. Benedikts Weg der Demut gewinnt in dieser Interpretation neue Leuchtkraft als Weg zu menschlicher Reife und Offenheit für Gott. Details der „Regel" entschlüsselt Anselm Grün als Kunst des gesunden Lebens, Benedikts Theologie des Gebets wird deutlich als Befreiungsweg, auf dem der Mensch das ständige Kreisen um sich selbst aufgibt, um sich, seinen Mitmenschen und Gott neu begegnen zu können.

Die Spiritualität Benedikts tut gut, denn sie ist konkret und geerdet. Ihre Führungsgrundsätze werden von Managern neu entdeckt, ihre Sicht der menschlichen Arbeit erweist sich als zukunftsfähig. Im Zentrum steht die Lust am Leben, die Benedikt in das Bild des weiten Herzens als Symbol für Lebendigkeit und Freiheit fasst. Anselm Grün bringt dieses Bild in all seinen Facetten zum Leuchten – als Antwort Benedikts auf die Sehnsucht heutiger Menschen.

Der Autor

Anselm Grün OSB, geb. 1945, verwaltet die Benediktinerabtei Münsterschwarzach. Außerdem ist er als geistlicher Berater und als Kursleiter für Meditation, tiefenpsychologische Auslegung von Träumen, Fasten und Kontemplation tätig. Zahlreiche Veröffentlichungen. Bei Herder Spektrum u. a.: 50 Engel für das Jahr; 50 Engel für die Seele; Das kleine Buch vom wahren Glück; Buch der Lebenskunst.

Anselm Grün

Benedikt von Nursia

Meister der Spiritualität

HERDER

FREIBURG · BASEL · WIEN

Gedruckt auf umweltfreundlichem,
chlorfrei gebleichtem Papier

Originalausgabe

2. Auflage

Alle Rechte vorbehalten – Printed in Germany
© Verlag Herder Freiburg im Breisgau 2002
www.herder.de
Herstellung: fgb · freiburger graphische betriebe 2002
www.fgb.de
Satz: Dtp-Satzservice Peter Huber, Freiburg
Umschlaggestaltung und Konzeption:
R·M·E München / Roland Eschlbeck, Liana Tuchel
Umschlagmotiv: Benedikt als Abt. Miniatur (11. Jh.) in der Handschrift S. Gregorii
Moralium Libri – Bibliothek Kloster Montecassino, M. 73. © Micha Pawlitzki
ISBN 3-451-05106-6

Inhalt

IV. LITERATUR
Eine kommentierende Einführung in Werkausgaben
und in Sekundärliteratur 151

Einleitung

Wenn ich in meinem Mönchshabit Vorträge halte, dann fragen mich die Leute häufig, zu welchem Orden ich gehöre. Wenn ich dann antworte, ich sei Benediktiner, können die meisten mit diesem Wort etwas anfangen. Aber dass die Benediktiner ihren Namen vom hl. Benedikt von Nursia (480–547) haben, das wissen wiederum nur wenige. Im Unterschied zum hl. Franziskus oder zum hl. Ignatius kennt kaum jemand noch den hl. Benedikt. Und doch gilt Benedikt als „Vater Europas" und als „Schutzpatron Europas"; mit diesen Titeln hat ihn Papst Paul VI. geschmückt. Aber sind das nur Titel oder hat Benedikt auch heute noch eine Botschaft für die Völker Europas? In der Vergangenheit war Europa von benediktinischen Klöstern übersät. Viele Städte sind um Klöster herum entstanden, so etwa Fulda und Goslar, München und Salzburg. Touristen bewundern die Ruinen Clunys oder die noch erhaltenen Klostergebäude in St. Gallen sowie auf der Reichenau. Der gregorianische Choral, der von benediktinischen Mönchen gesungen wird, erfreut sich heute neuer Beliebtheit und die Liturgiereform des Zweiten Vatikanischen Konzils geht auf den Einfluss benediktinischer Klöster zurück.

Hat Benedikt uns heute also etwas zu sagen? Als Benediktiner kann ich darauf natürlich nur antworten: Ja, er hat eine Botschaft für unsere Zeit. Mein eigener Zugang zu Benedikt ist geprägt durch 38 Jahre Zugehörigkeit zur Benediktinerabtei Münsterschwarzach. Bereits mit zehn Jahren kam ich an die dortige Klosterschule. So habe ich von Kind an benediktinischen Geist eingeatmet. Allerdings hat sich meine Einstellung zu Benedikt und seiner Regel im Laufe der Jahre immer wieder geändert. Nach der ersten Begeisterung kam die Ernüchterung. Im Noviziat hat mich die Regel nicht sehr berührt. Da war mir vieles fremd, Zeugnis einer längst vergangenen Zeit. Vier Jahre nach meinem Eintritt ging die Studentenrevolte des Jahres 1968 auch am Kloster nicht spurlos vorüber. Wir waren mit vielen „alten Zöpfen" nicht mehr einverstanden. Wir rebellierten gegen veraltete Formen. Wir waren unsicher, welche Bedeutung benediktinisches Mönchtum für unsere Zeit noch haben könnte. So ging ich gemeinsam mit einigen suchenden Mitbrüdern andere Wege. Wir übten Zen-Meditation, belegten gruppendynamische Kurse, gingen zu Graf Dürckheim nach Rütte, um dort unseren Leib als Partner auf unserem geistlichen Weg neu zu entdecken. Erst die Begegnung mit buddhistischem Mönchtum und Jungscher Psychologie erschloss uns auf einmal einen neuen Zugang zum spirituellen Reichtum des Mönchtums und zur psychologischen Weisheit des hl. Benedikt. Wir suchten neu nach der Bedeutung der Regel. Und nach all den Zweifeln an unserer Lebensform bekamen wir neue Lust, als Benediktiner zu leben und im Geist des hl. Benedikt auf die Fragen unserer Zeit zu antworten.

Uns Novizen und jungen Mönchen wurde damals ein ganz bestimmtes Bild des hl. Benedikt vor Augen gestellt. Es war das Bild des strengen und zugleich gütigen Vaters, der uns aber doch fern blieb, unnahbar. Und es war das Bild des großen Liturgen, dem es vor allem um feierliche Liturgie und schönen Choralgesang ging. Wir fanden jedoch keinen Zugang zu seiner Persönlichkeit, zu seinen Gefühlen und Gefährdungen. Es war ein idealisiertes Bild, wie es die benediktinische Restauration im 19. Jahrhundert geschaffen hatte. Dieses einseitige Bild mussten wir erst über Bord werfen, um dem Menschen Benedikt begegnen zu können. Wir studierten deshalb das Mönchtum vor

Benedikt, die spirituelle und psychologische Erfahrung der Wüstenmönche, die in der Einsamkeit den Weg radikaler Selbsterkenntnis und intensiver Gottsuche gegangen sind. Drei Zugänge halfen uns, ein menschlicheres Bild Benedikts zu entdecken: die Erfahrung des frühen Mönchtums, die Praxis östlicher Meditationsformen und das Studium der Psychologie, vor allem der Tiefenpsychologie Carl Gustav Jungs. Uns wurde Benedikt als spiritueller Lehrer wichtig, als Mann, der uns einen konkreten geistlichen Übungsweg aufzeigte, auf dem wir unseren persönlichen inneren Weg zu Gott und unseren gemeinsamen Weg der Gottsuche entdeckten.

So klar die Geschichte der benediktinischen Klöster erforscht und beschrieben worden ist, so unklar bleibt letztlich die geschichtliche Gestalt Benedikts. Benedikt scheint verborgen im Dunkel der Geschichte. Rein historisch lässt sich nicht sehr viel über sein Leben sagen. Doch zwei gewichtige Quellen gibt es, aus denen wir schöpfen können. Da ist zum einen die Regel, die Benedikt geschrieben hat. In ihr können wir nicht nur den geistlichen Weg finden, der für uns heute nach wie vor anziehend ist, sondern in ihr begegnet uns auch die Persönlichkeit des Heiligen. Und wir haben zum anderen eine spirituelle Lebensbeschreibung Benedikts, aus der wir seinen inneren Entwicklungsweg erkennen können: die Dialoge Papst Gregors des Großen.

I.

BENEDIKTS LEBEN
ALS AUSDRUCK SEINER BOTSCHAFT

Papst Gregor (540−604) hat neben seinen vielen Bibelauslegungen ein Buch veröffentlicht, das sich im Mittelalter großer Beliebtheit erfreute. Es sind die vier Bücher der ‚Dialoge‘. Im ersten und dritten Buch erzählt der Papst das Leben vieler Heiliger, die das Abendland hervorgebracht hat. Er möchte damit aufzeigen, dass nicht nur der Osten, sondern auch der Westen von heiligmäßigen Menschen geprägt ist. Das zweite Buch der Dialoge ist als Ganzes dem Leben des hl. Benedikt gewidmet; und bereits das zeigt die besondere Bedeutung, die Gregor dem hl. Benedikt zuschreibt. Das vierte Buch der Dialoge zieht aus den Lebensbeschreibungen der Heiligen Konsequenzen für die Spiritualität. Gregor entwickelt Grundzüge einer spirituellen Theologie. Auch in diesem vierten Buch nimmt Benedikt den größten Raum ein.

Gregor versteht seinen Bericht über das Leben Benedikts nicht als Geschichtsschreibung, sondern als Schilderung eines exemplarischen spirituellen Lebens. Am Leben des hl. Benedikt will er darlegen, wie der christliche Weg der Verwandlung in das Bild Jesu Christi gelingen kann und welche Stufen auf dem mystischen Weg wachsender Gotteserfahrung zu durchschreiten sind. Der Nachteil an historischer Genauigkeit bringt den Vorteil eines spirituellen Entwicklungsweges. Bevor wir den inneren Weg Benedikts nachzeichnen, sollen jedoch zunächst die wichtigsten historischen Daten genannt werden. Die Dialoge Gregors haben einen historisch zuverlässigen Kern, denn sie sind etwa 593 verfasst, nicht einmal 50 Jahre, vielleicht sogar nur 25 Jahre nach dem Tode Benedikts. Die Namen von dessen Schülern, die noch zu Zeiten Gregors gelebt haben, kann der Papst nicht erfunden haben.

Die Tradition nimmt an, dass Benedikt im Jahre 480 in Nursia in einer bürgerlichen Familie geboren wurde. Nach einem kurzen Studienaufenthalt in Rom zieht er sich nach Enfide zurück und schließt sich dort einer Asketengemeinschaft an. Dann lebt er drei Jahre als Einsiedler bei Subiaco in einer Höhle. Dort wird er bekannt und man bittet ihn, die Mönchsgemeinschaft in Vicovaro zu leiten. Aber der Widerstand der Mönche gegen seine rigide Leitung veranlasst ihn, sich wieder nach Subiaco zurückzuziehen. Viele Schüler scharen sich um ihn. Er verteilt sie auf zwölf kleine Klöster. Etwa um das Jahr 530 verlässt er mit seinen Mönchen Subiaco und gründet auf dem Berg Montecassino ein Kloster. Papst Gregor nennt als Grund dieses Auszugs die Auseinandersetzung mit einem neidischen Priester. Manche Historiker nehmen an, dass Benedikt nun ein anderes Konzept für das Klosterleben entwickelt hat und deshalb den Ort wechselte. Auf dem Montecassino waren alte heidnische Heiligtümer, in denen noch ein Kult ausgeübt wurde. Benedikt zerstört die Heiligtümer oder widmet sie um. So macht er aus dem Apollotempel eine Kapelle zu Ehren des hl. Martin. Und auf dem Gipfel baut er um den Altar eine Kapelle zu Ehren Johannes des Täufers. Benedikt verlässt Montecassino nicht mehr. Die Geschichten, die Papst Gregor der Große berichtet, lassen sich historisch festmachen. So ist Benedikt nicht vor 547 gestorben, denn der Besuch des Gotenkönigs Totila fand 546 statt. Die Tradition nahm an, dass Benedikt 547 gestorben ist. Heute meint man, dass Benedikt wohl erst um das Jahr 500 geboren wurde und dass sein Tod zwischen 555 und 560 zu datieren ist. E. Manning möchte den Tod Benedikts bis gegen 575 hinausschieben.

Die Zeit Benedikts war politisch wie kirchlich eine bewegte Epoche. Die erste Periode Benedikts fiel in die Regierungszeit des ostgotischen Königs Theoderich (gest. 526). Die Ostgoten waren Arianer, die die Wesensgleichheit Jesu mit Gottvater leugneten. Die Kirche war gespalten. Byzantinerfreundliche Kreise stellten gegen Papst Symmachus (498–514) einen Gegenpapst auf. Das führte zu einem Schisma zwischen Rom und Byzanz. Als die Byzantiner in Italien an Einfluss gewannen, wird König Theoderich den Katholiken gegenüber härter. Er lässt den Philosophen Boethius (480–524) hinrichten. Unter Kaiser Justinian I. (527–565) erobern die byzantinischen Truppen unter dem Feldherrn Belisar Rom. Zwischen 535 und 553 wird Italien vom Krieg heimgesucht, bis schließlich die Goten endgültig besiegt werden. Die Päpste werden abwechselnd vom byzantinischen Kaiser und vom ostgotischen König eingesetzt und abgesetzt. Es herrscht eine große Wirrnis innerhalb der Kirche. Viele Gläubigen wissen nicht, an wen sie sich halten können. Kaiser Justinian löst im Jahre 529 die Philosophenschule in Athen auf – im gleichen Jahr, in dem Benedikt der Tradition gemäß das Kloster auf dem Gipfel des Montecassino gründet. Ab 553 herrscht für einige Jahre Friede. Doch ab 568 fallen die Langobarden in Italien ein und zerstören alle Klöster, die an ihrem Weg der Verwüstung liegen. Montecassino wird im Jahre 577 von den Langobarden eingeäschert. Die Mönche fliehen nach Rom. So fällt Benedikts Wirken in eine unruhige Zeit. Einer seiner Freunde, Bischof Germanus von Capua, wird von Papst Hormisdas als Gesandter nach Konstantinopel geschickt. Benedikt kennt also auch die politischen und theologischen Auseinandersetzungen seiner Epoche, und manche Aussagen seiner Regel gewinnen auf dem Hintergrund der damaligen Konflikte neue Bedeutung.

Die Lebensbeschreibung Benedikts durch
Papst Gregor den Großen

Papst Gregor der Große sah in Benedikt eine zentrale Gestalt der ausgehenden Antike. Das zeigt er dadurch, dass er das zweite Buch der Dialoge ausschließlich Benedikt widmet. Dessen Lebensbeschreibung steht so in der Mitte zwischen vielen Kurzbeschreibungen von Heiligen im ersten und dritten Buch. Bei Benedikt werden 40 Wunder erzählt, bei den anderen jeweils nur eines oder zwei, und nur von Benedikt wird das gesamte Leben beschrieben.

Wir tun uns heute schwer, die vielen Wundererzählungen zu verstehen. Papst Gregor verfolgt damit aber einen klaren Plan: Er möchte zeigen, dass das Abendland ähnlich große Gestalten wie der Osten hervorgebracht hat. Und er ordnet diese Wunder kunstvoll. So entsteht ein Triptychon. Das mittlere Bild ist von jeweils zwölf Wundern geprägt, nämlich von zwölf prophetischen Wundern und von zwölf Tat-Wundern. Papst Gregor schildert Benedikt so, dass sein Verhalten biblischen Vorbildern gleicht, denn Benedikt hat in sich den Geist der Propheten verinnerlicht. Gregors Gestaltungskraft wird dabei in der Anordnung der biblischen Gestalten sichtbar. Zuerst kommt Mose, dann Elischa, Petrus, Elija und David. Petrus, der Fels der Kirche, wird umrahmt von den zwei größten alttestamentlichen Propheten und von den beiden wichtigsten Führern des Volkes, nämlich von Mose, der in die Freiheit führt, und von David, der das Königtum begründet und zum Psalmensänger wird. Dieser kunstvolle Aufbau der Dialoge zeigt, dass Gregor nicht Geschichtsschreibung im Sinn hat, sondern eine theologische Aussage machen will. Dieser spezielle Charakter der Dialoge erlaubt es uns, die Szenen, die Gregor beschreibt, tiefenpsychologisch als Bilder für den spirituellen Weg Benedikts zu deuten. Es sind Bilder, die seine Menschwerdung und seinen Weg zu

Gott beschreiben. In den Bildern leuchtet das wachsende Verständnis Benedikts für das Geheimnis des unbegreiflichen Gottes auf. Die Bilder zeichnen den Weg nach, auf dem Benedikt immer mehr eins wird mit sich selbst, auf dem er seinen Schattenseiten begegnet, auf dem er frei wird von egoistischer Selbstbehauptung und so andere Mönche zu führen vermag. Vor allem aber ist es ein mystischer Weg, der in diesen Bildern aufscheint. Als inneren Erfahrungsweg möchte ich daher die Geschichte des hl. Benedikt auf dem Hintergrund der Dialoge Gregors des Großen nacherzählen.

Benedikt wird von seinen Eltern nach Rom zum Studium geschickt. Doch das Leben in der Weltstadt Rom widert ihn an. In Rom zeigten sich die Verfallserscheinungen der ausgehenden Antike. Die alten Werte galten nicht mehr. Neue Werte waren nicht in Sicht. Benedikt zieht sich zurück. Im Lateinischen heißt es: „Recessit igitur scienter nescius et sapienter indoctus. – So ging er also fort, bewusst unwissend, und – weil er weise war – ohne Gelehrsamkeit." Es ist ein schönes Wortspiel, das Papst Gregor hier anführt. Es zeigt die innere Haltung Benedikts auf. Benedikt verzichtet auf äußeres Wissen, um innerlich weise zu werden. Weise sein, das heißt für die Römer: das Leben schmecken, die Wirklichkeit schmecken. Benedikt wollte nicht sein Wissen über die Dinge mehren, sondern er wollte die Dinge selber schmecken. Er wollte die Wirklichkeit seiner eigenen Seele erfahren. Deshalb verlässt er den Weg des Wissens und geht den Weg der Erfahrung.

Der Einsiedler

Benedikt verlässt die Stadt in Begleitung seiner Amme. Die Ammen hatten in der Antike oft eine engere Bindung zu den Kindern als deren eigene Mutter. Benedikt ist also noch an die Mutter gebunden. Als der Amme ein Gefäß zerbricht, betet Benedikt darüber und die Teile fügen sich wieder zusammen. Daraufhin verlässt Benedikt den Ort und zieht sich in die Einsamkeit zurück, in eine Höhle in der Nähe von Subiaco. Das Zerbrechen des Gefäßes ist Symbol für das Zerreißen der Mutterbindung. Das Wunder stellt nicht den alten Zustand wieder her, sondern zeigt, dass Benedikt betend in Gott seine Heimat findet. Das drückt auch die Höhle aus, die ja zugleich ein mütterliches Symbol ist. Drei Jahre lang bleibt Benedikt in der Höhle, getrennt von allen Menschen. Er muss gleichsam in Gott wiedergeboren werden, um als neuer Mensch aufstehen zu können. Die Auferstehung feiert Benedikt nach drei Jahren. Da kommt am Osterfest ein Priester zu ihm. Er hatte in einer Vision den Auftrag erhalten, zu Benedikt zu gehen und mit ihm sein Mahl zu teilen. Er besucht den Einsiedler und spricht mit ihm über das geistliche Leben. Dann fordert er ihn auf, mit ihm zu essen: „Denn heute ist Ostern." Benedikt antwortet: „Ich weiß, dass Ostern ist, weil mir geschenkt wurde, dich zu sehen." Nach drei Jahren Einsamkeit und Askese freut sich Benedikt, mit einem Menschen Mahl zu halten. Er ist durch die Schule der Einsamkeit gegangen, hat sich selbst mit all seinen Abgründen und Gefährdungen kennen gelernt und ist nun fähig, einem anderen vorurteilslos und offen zu begegnen. Wie Jesus nach drei Tagen auferstanden ist, so feiert Benedikt nach drei Jahren Auferstehung. Er ist ein neuer Mensch geworden. Neugeboren begegnet er den Hirten, die ihn wegen seiner Felle, die er trug, für ein Tier halten. Doch er spricht mit ihnen. Und sie bekehren sich „von ihrer tierisch rohen Gesinnung zu einem gottgefälligen Leben". Auch hier ist die Parallele zu Jesu Geburt deutlich. Die Hirten künden von der Neugeburt des Benedikt.

Doch die Neugeburt ist nicht ohne Gefährdung. Zuerst begegnet dem Gottesmann ein kleiner schwarzer Vogel, der um sein Gesicht herumschwirrt. Benedikt macht ein Kreuzzeichen und der Vogel, ein Bild für den Teufel, weicht zurück. Jetzt erscheint vor dem geistigen Auge Benedikts das Bild einer Frau, die er früher einmal gesehen hatte. „Die Erinnerung an ihre Schönheit entfachte in dem Diener Gottes ein solches Feuer, dass er meinte, sein Herz müsse von der Glut der Liebe zerspringen." Benedikt muss sich seiner Sehnsucht nach der Frau stellen. Er kann nur dann ein geistlicher Mensch werden, wenn er sich seiner vitalen Bedürfnisse bewusst wird. Die Szene zeigt, dass Benedikt liebesfähig ist, ja, dass er durch das Bild der Frau völlig aus sich herausgerissen wird. Benedikt unterdrückt die Sehnsucht nach der Frau nicht, sondern er agiert sie aus, indem er sich nackt in die Dornen wirft und – wie Papst Gregor sagt – die Lust in Schmerz verwandelt. Die Sehnsucht nach der Frau ist eine Wunde, die der ehelose Mann nicht einfach mit einem frommen Pflaster zukleben kann. Er muss diese Wunde aushalten. Die Aufgabe besteht darin, sie zu verwandeln, so dass die Wunde ihn für Gott und für das Leben öffnet. Nur wenn die offene Wunde bleibt, wird Benedikt fähig, andere Menschen zu begleiten und sie in ihren Bedürfnissen zu verstehen. Benedikt hat seine Sexualität nicht abgeschnitten. Mitten auf seinem geistlichen Weg meldet sich die Sexualität sehr deutlich zu Wort. Er stellt sich ihr und verwandelt sie in eine Quelle der Spiritualität. Vielleicht ist der Dornenstrauch, in dem er sich wälzt, ein Bild für den brennenden Dornbusch, in dem Mose Gottes Feuer erblickt hat. Der Ort, an dem Benedikt am intensivsten seine Sexualität spürt, ist zugleich auch der Ort, an dem er Gott erfährt. Die Sexualität wird für ihn zur Quelle der Spiritualität. Gregor beschließt diese Szene mit dem Satz: „So blieb er Sieger in der Versuchung, indem er das Feuer umwandelte." Die Sexualität ist wie Feuer. Ohne dieses Feuer fehlen dem Menschen Vitalität und Kraft. Ohne dieses Feuer kann auch das Feuer der göttlichen Liebe nicht brennen. Alles hängt davon ab, das Feuer der Sexualität umzuwandeln in Spiritualität, in die Sehnsucht nach Ekstase in Gott hinein.

Der geistliche Begleiter

Die Begegnung mit der eigenen Sexualität und die Integration der *anima* befähigen Benedikt nun, andere Menschen zu begleiten und zu führen. Vier junge Männer schließen sich ihm an. Benedikt wird ihr geistlicher Vater. Gregor beschreibt diese Vaterschaft in einem mütterlichen Bild: „Der Gottesmann brachte die in ihm angelegte Tugend zu reicher Frucht, einem Acker gleich, der von Dornen befreit und wohlbestellt ist." In der spirituellen Tradition wird der Acker, der makellose Frucht bringt, auf Maria bezogen. Der Acker ist ein weibliches Bild, Bild der Mutter, die das Kind aus ihrem Schoß gebiert. Benedikt ist offensichtlich für die vier jungen Männer Vater und Mutter zugleich. Es sind vier Männer, Bild für die vier Elemente. Das Irdische wird auf dem geistlichen Weg verwandelt und offen für das Göttliche.

Die Fähigkeit Benedikts zu geistlicher Begleitung spricht sich herum. Als in einem nahe gelegenen Kloster in Vicovaro der Abt stirbt, bitten die Mönche Benedikt, er möge ihnen als Abt vorstehen. Nach einigem Widerstreben lässt Benedikt sich auf diese Bitte ein. Doch dann muss er eine schmerzliche Erfahrung machen. Er ist für die Mönche zu streng. Sie reagieren darauf mit einem Mordanschlag. Sie wollen ihn vergiften. Doch Benedikt segnet den Becher mit vergiftetem Wein, den die

Mönche ihm reichen. Vor aller Augen zerbricht er. Es ist eine heilsame Erfahrung, die Benedikt hier machen muss. Offensichtlich ist er noch nicht fähig, Menschen zu führen, die seiner Strenge Widerstand leisten. Er ruft in ihnen nur giftige Gefühle hervor. Bei Menschen, die wenig Lust verspüren, sich auf einen geistlichen Weg einzulassen, kommt er an seine Grenze. Er vermag in ihnen kein Leben zu wecken. Er lockt nur todbringende Gedanken aus ihnen hervor. Benedikt erkennt seine Grenze und zieht daraus die Konsequenz. Er verlässt das Kloster und zieht sich wieder in die Einsamkeit zurück. Er „wohnte ganz in sich selbst – allein – im Angesicht Gottes". Er kommt zu sich selbst. Nach der Sexualität ist die Aggression die stärkste Lebensenergie, die dem Menschen zur Verfügung steht. In der Aggressivität der Mönche von Vicovaro ist Benedikt seiner eigenen Aggression begegnet, die er verdrängt hatte. Doch die verdrängte Aggression wirkt vom Schatten aus weiter auf den Einzelnen und seine Umgebung. Wer seine Aggression verdrängt hat, macht andere aggressiv. Das hat Benedikt schmerzlich erfahren. Jetzt zieht er sich auf sich zurück. Er wohnt ganz in sich selbst. Er achtet wachsam auf sich. Er lässt, wie Gregor schreibt, „sein inneres Auge nicht außerhalb seiner umherschweifen". Hier macht Benedikt offensichtlich die Erfahrung, dass Gott nur dann in ihm wohnt, wenn er selbst in sich wohnt. Nur wenn Benedikt sein ganzes Haus bewohnt, auch die Räume der Sexualität und der Aggression, wird Gott sein Haus mit seinem Licht erfüllen. Benedikt hört auf, seine Sexualität und Aggression auf andere zu projizieren. Er sieht sie in sich selbst. So können sich diese beiden Lebensenergien wandeln und ihm auf seinem spirituellen Weg dienen.

Die Gründung von zwölf Klöstern in Subiaco

Der spirituelle Wandlungsweg hat Benedikt eine neue Ausstrahlung nach außen geschenkt. Das spüren die Menschen in seiner Umgebung. Immer mehr junge Männer schließen sich ihm an. Jetzt nimmt er willig Führung wahr. Er gründet zwölf Klöster mit jeweils zwölf Mönchen. Die Zahl zwölf symbolisiert die Ganzheit und zugleich die Gemeinschaftsfähigkeit. Jesus hat zwölf Apostel bestellt. Das Volk Israel bestand aus zwölf Stämmen. Für Benedikt besteht Spiritualität nicht im asketischen Weg des Einzelnen, sondern in der Fähigkeit, gemeinsam Gott zu suchen. In der Zahl zwölf drückt Papst Gregor aus, dass Benedikt die Gemeinschaft der Urkirche neu beleben wollte. „Heimweh nach der Urkirche" war ein Motiv seines Mönchtums. Offensichtlich führt Benedikt hier nicht mehr mit strenger Hand. Er überlässt die zwölf kleinen Gemeinschaften sich selbst. Er selbst behält nur wenige Mönche bei sich, „weil er glaubte, dass sie in seiner unmittelbaren Gegenwart mehr Förderung erfahren könnten". Die natürliche Autorität Benedikts ist so groß, dass er nicht mehr autoritär führen muss. Er hat einfach durch sein Sein eine Ausstrahlung, die andere in ihren Bann zieht und sie befähigt, miteinander zu leben und gemeinsam Gott zu suchen. Vornehme Römer bringen nun auch ihre Kinder, damit Benedikt „sie auf Gott hin erziehe". So wird Benedikt zum Erzieher und Lehrer für viele Menschen.

Gregor berichtet nun von fünf Zeichen Benedikts, die den Wundern des Mose, Elischa, Petrus, Elija und David entsprechen. Die Wunder sind nach außen projizierte Bilder seiner Seele. Sie zeigen seinen inneren Zustand an. Benedikt ist vom Geist der alttestamentlichen Propheten und vom Geist des Petrus, des Hauptes der Kirche, beseelt. Der Geist der Bibel, des Alten und Neuen Testaments, ist in ihm. Benedikt hat in seiner Einsamkeit die Heilige Schrift so in sich aufgenommen, dass er auch in seinem Verhalten der Bibel entspricht. Das erste Zeichen entspricht dem des Mose. Benedikt lässt aus dem Felsen Wasser hervorsprudeln. Der Fels ist ein Bild des Harten im Menschen. Wenn wir nur strenge Askese leben, werden wir bald hart. Es strömt nichts mehr in uns. Wir verwenden unsere ganze Energie darauf, die Emotionen und Bedürfnisse zu unterdrücken. Geistliches Leben heißt für Benedikt jedoch, dass wir mit unserer inneren Quelle in Berührung kommen und dass das Leben Gottes in uns strömt. Lebendigkeit ist das Kennzeichen echter Spiritualität.

Das zweite Zeichen erinnert an ein Wunder, das der Prophet Elischa gewirkt hat. Benedikt übergibt einem Goten, der ins Kloster eingetreten ist, ein Gerät aus Eisen, damit er am Ufer das Dorngestrüpp rode. Der Gote geht nun mit solchem Schwung an die Arbeit, dass sich die eiserne Hacke vom Holzgriff löst und in den See fällt. Traurig wendet sich der Gote an Maurus, den Schüler des Heiligen, und meldet ihm den Schaden. Benedikt nimmt den Holzgriff und hält ihn in den See. Sofort kommt das Eisen aus der Tiefe herauf und fügt sich dem Griff wieder ein. Benedikt gibt dem Goten das Arbeitsgerät mit den Worten zurück: „Arbeite und sei nicht traurig." In diesem wunderbaren Wort wird Benedikts Haltung der Arbeit gegenüber deutlich. Die Arbeit befreit von Traurigkeit. Sie ist eine Wohltat für den Menschen. Sie tut nicht nur seinem Leib, sondern auch seiner Seele gut. Aber dieses Wort ist auch ein Motto dafür, wie der Mönch arbeiten soll. Wenn er sich in seine Arbeit stürzt, sich dabei überfordert und in die Traurigkeit hineingerissen wird, dann entspricht sein Tun nicht dem Bild, das Benedikt von der Arbeit hat. Der Mönch soll so arbeiten, dass ihm die Arbeit Freude macht. Er braucht für seine Arbeit das richtige Maß, damit er sich nicht überanstrengt. Aber er braucht in seiner Arbeit auch Klarheit und Durchsichtigkeit. Er muss den Sinn seiner Arbeit verstehen. Und das Miteinander in der Arbeit muss stimmen. Sonst wird die Arbeit durch unklare emotionale Beziehungen getrübt.

Das dritte Wunder bezieht sich auf den Seewandel des Petrus, wie ihn Matthäus uns berichtet (Mt 14,22 ff.). Plazidus, der jüngste Schüler Benedikts, fällt beim Wasserschöpfen in den See. Benedikt sieht das von seiner Zelle aus und befiehlt Maurus, er solle Plazidus zu Hilfe kommen. Im Gehorsam läuft Maurus über den See und zieht den Knaben an den Haaren aus dem Wasser. Erst als er wieder festen Boden unter den Füßen hat, wird ihm das Wunder bewusst. Er schreibt das Wunder Benedikt zu. Doch Benedikt meint, der Gehorsam habe dieses Wunder gewirkt. Hier wird deutlich, dass Gregor die Wunder nicht einfach nur wegen der damaligen Wundersucht erzählt, sondern um eine spirituelle Botschaft zu verkünden. Durch das Wunder will er zeigen, wie wichtig der Gehorsam für den Mönch ist und was er bewirken kann. Aber noch ein anderer Aspekt ist an dieser Geschichte wichtig. Petrus steht ja zwischen den Propheten und Führern des Alten Bundes. Für Papst Gregor ist Benedikt der Heilige der Kirche. Die Kirche ist die Erfüllung des Alten Testaments. In ihren Heiligen wird vollendet, was uns die Bibel von den Propheten und Führern Israels berichtet hat.

Der Priester Florentius gönnt Benedikt seinen Erfolg nicht und schickt ihm vergiftetes Brot. Benedikt erkennt, dass Gift im Brot ist und befiehlt dem Raben, der täglich zu ihm kommt, um aus seiner Hand Brot zu empfangen, er solle das vergiftete Brot nehmen und es an einen Ort werfen, an dem keiner es finden kann. Nach einigem Zögern gehorcht der Rabe. In diesem vierten Wunder, das an den Propheten Elija erinnert, wird ein anderer Aspekt der Spiritualität Benedikts sichtbar. Die Tiere stehen für den Bereich der Vitalität, der Sexualität und der Instinkte. In Märchen sind die Tiere oft hilfreiche Begleiter. Wer mit seiner

Vitalität und seinen Instinkten gut umgeht, dem kommt dieser Bereich zu Hilfe, wenn er in Not gerät. Spiritualität heißt nicht, sich über das Irdische zu erheben und das Vitale in sich abzuschneiden, sondern es zu integrieren. Dann werden wir gerade aus diesem Bereich Hilfe erfahren auf unserem Weg der Selbstwerdung und auf unserem Weg zu Gott.

Nachdem der Anschlag mit dem vergifteten Brot fehlgeschlagen war, versucht Florentius, Benedikt auf andere Weise zu schaden. Er schickt sieben nackte Mädchen, um vor den Augen der jungen Mönche zu tanzen und zu spielen. Daraufhin verlässt Benedikt mit seinen Mönchen Subiaco und macht sich auf den Weg nach Montecassino. Florentius bricht über diesen Auszug der Mönche so in Jubel aus, dass der Söller, auf dem er steht, herabstürzt und ihn zermalmt. Maurus überbringt Benedikt die freudige Nachricht vom Tod seines Gegners. Doch wie David kann auch Benedikt sich nicht am Tod seines Feindes freuen. Er hat die Feindschaft nicht angenommen. Er bleibt trotz der Anfeindung von außen mit sich und mit seinen Gegnern versöhnt. Benedikt trauert über den Tod des Priesters. Er ist traurig, wie sich ein Mensch so in den Hass hineinsteigern konnte.

Die Gründung von Montecassino

Mit diesen fünf Zeichen will Papst Gregor aufzeigen, dass Benedikt den Geist aller Gerechten in sich vereinte, dass er die Bibel in seinem Verhalten widerspiegelte. Im Geist der Heiligen Schrift geht Benedikt nun daran, auf dem Montecassino ein Kloster zu errichten. Doch auch hier wird er angefochten. Er „wechselte zwar den Ort, nicht aber den Feind". Auf dem Berg waren heidnische Heiligtümer, ein Tempel des Apollo sowie Haine, die den Dämonen geweiht waren. Benedikt zertrümmert das Götzenbild, lässt die Haine roden und macht aus dem Apollotempel eine Kirche zu Ehren des hl. Martin. Doch der heidnische Berg ist so leicht nicht zu erobern. Die Dämonen treten ihm jetzt offen entgegen, und Benedikt nimmt den Kampf mit ihnen auf. Die Situationen, die Papst Gregor hier beschreibt, sind Bilder für die Gefährdung, der jeder Mönch ausgesetzt ist. Den ersten Widerstand leisten die Dämonen, indem sie einen Stein, den die Mönche zum Bau ihres Klosters benötigen, so schwer machen, dass man ihn auch mit vereinten Kräften nicht aufheben kann. Erst als Benedikt den Segen darüber spricht, lässt der Stein sich forttragen. Benedikt lässt darunter die Erde aufgraben, und die Mönche finden ein Götzenbild aus Erz. Wenn wir bei dem, was uns blockiert und uns die Energie raubt, genauer nachforschen, stoßen wir auf einen Götzen. Weil wir etwas vergötzen – sei es ein Grundsatz, eine Gewohnheit, ein Mensch oder das, was wir besitzen – kommen wir innerlich nicht weiter. Es bewegt sich nichts mehr in uns.

Die Brüder werfen das Götzenbild in die Küche. Da bricht ein Feuer aus, das die ganze Küche zu verbrennen scheint. Die Mönche versuchen, den Brand mit Wasser zu löschen, doch vergebens. Benedikt erkennt sofort, dass das Feuer nur Schein ist. Er betet und öffnet auch den Brüdern die Augen. Nun sehen sie die Küche unversehrt und erkennen, dass sie einem Trug zum Opfer gefallen sind. Feuer ist Bild für die Vitalität und Sexualität. Offensichtlich hat die verdrängte Sexualität das Leben der Mönche blockiert. Wenn die Sexualität verdrängt wird, führt das immer zu innerer Erstarrung. Tritt die Sexualität ins Bewusstsein, dann setzt sie die ganze Küche in Brand. Man gerät buchstäblich „in Teufels Küche". Da Benedikt seiner Sexualität begegnet ist und sie in seinen geistlichen Weg integriert hat, erkennt er sofort, was die Brüder gefangen genommen hat.

Noch einmal versuchen die Dämonen, den Aufbau des Klosters zu verhindern. Sie bewirken, dass die Mönche unvorsichtig arbeiten. Eine neu errichtete Mauer stürzt ein und zermalmt einen jungen Mönch unter sich. Benedikt betet über ihn und heilt ihn auf diese Weise. Die Dämonen sind hier Bild für die Betriebsamkeit und für die Erfolgswelle, auf der die Mönche schwimmen. Sie sind stolz, ihr Kloster wachsen zu sehen. Doch dabei übersehen sie, dass sie ihre Gottsuche vernachlässigt haben. Benedikt verweist sie auf das Gebet. Nur wenn sie im Gebet den inneren Raum der Stille finden, können sie nach außen arbeiten, ohne sich von der Hektik und Betriebsamkeit auffressen zu lassen.

Zwölf Wunder des Erkennens

Auf die Errichtung des Klosters auf dem Montecassino gegen den Widerstand der Dämonen folgen in der Schilderung Papst Gregors die zwölf Wunder des Erkennens. Diese Wunder sind Bilder für den seelischen Zustand Benedikts. Weil Benedikt sich in mühsamer Selbsterkenntnis durchschaut und wachsam seine Gedanken und Gefühle beobachtet hat, erkennt er die inneren Regungen seiner Mönche sofort. Bei diesen Wundern des Erkennens geht es immer um Fehlhaltungen der Mönche, die Benedikt sieht, selbst wenn er gar nicht dabei ist. In den Fehlern der Mönche entdeckt Benedikt auch seine eigenen Schattenseiten. Denn die Menschen, deren Fehler ich erkenne, weisen mich immer auch auf die eigenen Schwächen hin, die ich vielleicht nur mühsam überwunden habe. Benedikt entdeckt in den Mönchen die neun *logismoi*, die neun gefühlsbetonten Gedanken und Leidenschaften, mit denen sich bereits Evagrius Ponticus auseinander gesetzt hat. Evagrius Ponticus (345–399) gilt als der größte Theologe des frühen Mönchtums und als weiser Psychologe. Er hat vor allem über den Umgang mit den Gedanken und Leidenschaften geschrieben. Der Mönch gelangt nur dann zu Gott, wenn er sich den Gefährdungen der neun *logismoi* stellt, um die Kraft der Leidenschaften für sich selbst zu nutzen, sich aber von ihnen nicht beherrschen zu lassen. Benedikt erkennt nicht nur, was in den Mönchen vor sich geht, sondern er sieht auch über die Gegenwart hinaus. Er weissagt dem gotischen König Totila, dass dieser in Rom einziehen, aber dann nach zehn Jahren sterben werde. Er sieht den Untergang Roms und die Zerstörung seines Klosters auf dem Montecassino voraus. Papst Gregor begründet diese Fähigkeit des Heiligen: „Warum sollte er die geheimen Ratschlüsse nicht kennen, da er doch die Gebote Gottes hielt? Es steht ja geschrieben: Wer dem Herrn anhängt, der ist ein Geist mit ihm." Die Einheit mit Gott befähigt Benedikt, über den gegenwärtigen Zustand hinauszusehen und zu erkennen, wie sich ein Mensch oder eine Gemeinschaft entwickeln werden.

Zwölf Wunder der Tat

Nach den zwölf Wundern des Erkennens erzählt uns Gregor die zwölf Wunder der Tat. In diesen Wundern wird deutlich, dass Benedikts innere Entwicklung auch nach außen hin Früchte trägt. Die Wunder sind Bilder des Heils, das Benedikt nun in der Welt stiftet. Benedikt gestaltet die Welt nach dem Willen Gottes. Weil er sich selbst nach Gott ausgerichtet hat und durch die Begegnung mit Gott heil geworden ist, kann er nun auch die Welt um sich heiler werden lassen. Die Menschen um ihn herum werden gesund. Die Umwelt kommt in ihre Ordnung und die Strukturen der Gesellschaft werden gerechter. Benedikt hat sich nicht aus der Welt zurückgezogen, weil ihm die Welt gleichgültig ist. Er hat sich von Gott verwandeln lassen, damit er nun auch die Welt im Geiste Gottes gestalte und heile. Alle zwölf Wunder der Tat wirkt Benedikt durch sein Gebet. Beten und Tun sind keine Gegensätze. Indem Benedikt für einen Menschen betet, heilt er ihn. Hier wird auf erzählerische Weise der benediktinische Grundsatz deutlich: „ora et labora — bete und arbeite." Das Gebet führt zur Tat und prägt die Tat. Das Beten ist schon Tun und es vollendet sich im Tun. Benedikts Gebet heilt die Krankheiten der Menschen und hilft ihnen in ihren materiellen Nöten. Doch es ist nie allein das Gebet, sondern immer auch das Tun, das aus dem Gebet fließt.

Als ein Mann von seinem Gläubiger hart bedrängt wird, bittet er Benedikt um zwölf Goldstücke. Benedikt sagt, er habe keine, der Mann solle aber nach zwei Tagen nochmals kommen. Inzwischen hat man auf dem Getreidekasten 13 Goldstücke gefunden. So gibt Benedikt dem armen Mann die erbetenen Goldstücke. Er betet nicht nur für ihn, er hilft ihm auch konkret. Aber seine Hilfe strömt immer aus dem Gebet. Einem Bittsteller, der während einer Hungersnot zu Benedikt kommt, lässt er das einzige Gefäß mit Öl geben, das sich in der Vorratskammer findet. Doch der Cellerar befolgt seinen Befehl nicht. Als Benedikt ihn zur Rede stellt, begründet er sein Verhalten damit, dass die Brüder sonst kein Öl mehr hätten. Benedikt lässt voller Zorn das Ölgefäß zum Fenster hinauswerfen. Doch obwohl es auf einen Felsen fällt, bleibt es heil. Das unversehrte Gefäß gibt Benedikt nun dem Bittsteller. Die Brüder beten miteinander. Das leere Ölgefäß, das in ihrer Mitte steht, läuft über von Öl. Benedikt mahnt seine Brüder zum Vertrauen. In diesen Geschichten wird deutlich, wie Benedikt sich auch für die Menschen in der Umgebung des Klosters verantwortlich weiß. Sein Wirtschaften gründet im Vertrauen auf Gott und nicht im Anhäufen von Geld und Gütern.

Ein anderes Wunder zeigt, wie Benedikt auch seine gesellschaftspolitische Verantwortung wahrnimmt. Ein Gote namens Zalla unterdrückt in der Umgebung des Klosters viele Bauern. Als er einen Bauern fast zu Tode quält, damit dieser endlich sein Vermögen herausgebe, kann sich der Bauer nicht anders helfen als durch die Ausrede, er habe sein Vermögen Benedikt übergeben. Zalla stößt ihn in Fesseln vor sich her, bis er zu Benedikt kommt. Der Gote schreit Benedikt an. Doch Benedikt lässt sich nicht aus der Ruhe bringen. Er schaut auf die Fesseln des Bauern. Da fallen sie ab. Das erschüttert den grausamen Goten. Er fällt vor Benedikt nieder und bittet um sein Gebet. Benedikt gibt ihm geweihtes Brot, in der Hoffnung, dass er nun von seinem grausamen Wüten ablässt. Der Gote lässt den Bauern frei und ändert von diesem Augenblick an sein ungerechtes Verhalten. Benedikt entwirft kein politisches Programm, aber in seiner Klarheit und Eindeutigkeit wirkt er doch verändernd auf die gesellschaftliche und politische Situation. Er nimmt seine Weltverantwortung auf seine Weise wahr. Und offensichtlich hat sich durch sein Eintreten die wirtschaftliche und politische Lage der Bevölkerung um das Kloster herum entscheidend verbessert.

Die Begegnung mit Scholastika

Nach den 24 Wundern des Erkennens und der Tat schildert Gregor die letzte Begegnung Benedikts mit seiner Schwester Scholastika. Es ist eine wunderbare Geschichte, die seit jeher die Herzen der Leser berührt hat. Jedes Jahr trifft sich Benedikt mit seiner Schwester in einem Haus in der Nähe des Klosters, um mit ihr geistliche Gespräche zu führen. So geht er auch in diesem Jahr mit einigen Brüdern in dieses Haus, um seine Schwester zu treffen. Als die Dämmerung hereinbricht, will Benedikt zu seinem Kloster aufbrechen. Seine Schwester bittet ihn: „Verlass mich nicht in dieser Nacht, damit wir bis zum Morgen von den Freuden des himmlischen Lebens sprechen können." Benedikt widerspricht seiner Schwester. Er könne unmöglich bleiben, das würde die Klosterregel nicht erlauben. Scholastika betet inständig zu Gott. Da entlädt sich ein Gewitter über den beiden. Der Wolkenbruch macht es Benedikt unmöglich, das Haus zu verlassen. „Und so kam es, dass sie die ganze Nacht hindurch mitsammen wachten und sich durch geistliche Gespräche gegenseitig bereicherten." Die Schwester setzt sich mit ihrem Gebet gegen ihren Bruder durch. Für Gregor ist es eine Überlegung wert, warum Scholastika hier mehr erreicht hat als Benedikt, der auf das Einhalten der Regel pochte: „Seinem Willen stellte sich ein Wunder entgegen, das in der Kraft des allmächtigen Gottes aus dem Herzen einer Frau kam. Es ist keineswegs verwunderlich, dass die Frau, die den Bruder länger sehen wollte, zu jenem Zeitpunkt mehr vermochte als er. Denn da nach dem Wort des Johannes Gott Liebe ist, vermochte nach dem gerechten Ratschluss Gottes jene mehr, welche mehr liebte."

Scholastika vermochte mehr, weil sie mehr geliebt hat. Sie hat nicht nur Gott mehr geliebt, sondern auch ihren Bruder. Sie wollte einfach bei ihm bleiben und mit ihm reden. Die Liebe siegt über das Gesetz. Die Liebe atmet Freiheit. Furcht ist nicht in der Liebe. In göttlicher Freiheit setzt sich Scholastika über die Enge des gesetzlichen Denkens hinweg. Aber es gibt noch einen weiteren Grund, warum Scholastika sich hier durchsetzte. Dem Willen des Mannes stellt sich die Kraft entgegen, die aus dem Herzen einer Frau kommt. Der Wille wird dem Mann zugeordnet, das Herz der Frau. Das Herz ist stärker als der Wille. Im Herzen wohnt die Liebe. Im Herzen wohnt Gott. Und Gottes Kraft übertrifft die menschliche Kraft des Willens. Aus dem Herzen strömt die Kraft des allmächtigen Gottes, die Quelle der göttlichen Liebe, die nie versiegt.

Man könnte die Begegnung zwischen Benedikt und Scholastika auch als Bild für die Integration von *anima* und *animus* werten. In der Höhle von Subiaco ist Benedikt dem Bild der Frau begegnet, die ihn erotisch angezogen hat. Hier erkennt er die

Frau als Schwester. Sie wird zu seiner inneren Begleiterin. Sie wird ein Teil von ihm. Sie ist die *anima,* die ihn befruchtet. Ohne *anima* ist der *animus* im Mann in Gefahr, zum Prinzipienreiter zu werden und sich nur noch an die Normen zu halten. Das würde zu seiner Erstarrung führen. Die Begegnung mit seiner Schwester Scholastika hat Benedikt verwandelt. Jetzt wird Benedikt menschlicher, gütiger und freier. Jetzt erst kann er eine Regel schreiben, die nicht zum Gesetzbuch erstarrt, sondern dem Leben und der Liebe einen Schutzraum gewährt. Jetzt erst wird er fähig zur mystischen Erfahrung des Einswerdens mit Gott. Weil Benedikt durch die Integration der *anima* mit seinem Herzen in Berührung gekommen ist, ist dieses Herz offen, Gott in sich aufzunehmen.

Gregor schildert das Einswerden Benedikts mit seiner *anima* noch in einem anderen Bild. Kurz nach der nächtlichen Begegnung stirbt Scholastika. Benedikt sieht, wie die Seele seiner Schwester „in Gestalt einer Taube in die geheimnisvolle Welt des Himmels entschwebte". In der Seele seiner Schwester fliegt schon ein Teil von ihm selbst in den Himmel. Die Taube war in Griechenland der Aphrodite heilig. Sie symbolisiert also die Liebe, die zum Himmel aufsteigt. Außerdem gilt die Taube als Seelenvogel. In der christlichen Kunst ist die Taube ein Symbol des Heiligen Geistes und ein Bild für die Seele im Zustand des himmlischen Friedens. Die Begegnung mit Scholastika hat Benedikt weit gemacht. Sie hat in ihm die Liebe geweckt und den Himmel über ihm geöffnet. Benedikt freut sich über die Verherrlichung seiner Schwester und lässt ihren Leichnam holen und in das Grab legen, das er sich selbst bereitet hat. „So geschah es, dass die, deren Geist in Gott immer eins gewesen war, auch dem Leibe nach durch das Begräbnis nicht getrennt wurden." Wenn man die Aussagen der frühen Mönche über die Beziehung des Mönches zur Frau liest, so ist das Verhalten Benedikts doch erstaunlich. Er lässt sich zusammen mit einer

Frau bestatten. Das ist ja nicht nur ein äußerer Vorgang, sondern ein Bild für das Einswerden mit der Frau, für das Einswerden von *anima* und *animus*. Das Grab ist immer auch Bild für die Verwandlung des Menschen, für die neue Geburt. Durch die Vereinigung mit seiner *anima* wird Benedikt neu geboren. Sein Beten und sein Tun gewinnen neue Qualität.

Die kosmische Vision

Die neue Qualität des Betens schildert Papst Gregor in der kosmischen Vision Benedikts. Mitten in der Nacht steht Benedikt auf, um zu beten. „Er stand am Fenster und betete zum allmächtigen Herrn. Wie er so um Mitternacht hinausblickte, sah er plötzlich ein Licht, das sich von oben her ausbreitete und mit einem Mal alle Dunkelheit der Nacht vertrieben hatte. Es strahlte in solchem Glanz, dass es, wie es so in die Finsternis leuchtete, sogar heller war als das Tageslicht. Eine wunderbare Wahrnehmung war damit verbunden. Wie er später selbst erzählte, wurde ihm die ganze Welt wie in einem einzigen Sonnenstrahl gesammelt vor Augen geführt." Benedikt sieht in Gott die ganze Welt mit neuen Augen. Sie wird in Gott klein. Sie hat keine Macht mehr über ihn. Aber er erkennt in der Schöpfung auch die Schönheit des Schöpfers. Die Beziehung zu Gott ist nicht weltlos, sie geht vielmehr durch die Schöpfung, in der Benedikt dem Schöpfer begegnet.

Gregor begründet die kosmische Schau mit folgender Überlegung: „Was ist also daran verwunderlich, wenn er die ganze Welt mit einem Blick umfasste, da er, emporgehoben im Lichte innerer Schau, jenseits dieser Welt war. Was aber das betrifft, dass er die ganze Welt mit einem Blick umfassen konnte, so sind nicht Himmel und Erde verkleinert worden, sondern die Seele dessen, der das schaute, wurde weit. In Gott entrückt, konnte er ohne Schwierigkeit das sehen, was unter Gott ist. Dem Licht, das für seine Augen aufstrahlte, entsprach ein anderes, inneres Licht, das in seinem Herzen aufleuchtete. Weil es die Seele dessen, der da schaute, zu Höherem erhob, zeigte es ihm, wie begrenzt alles Irdische ist." Durch das Einswerden mit Gott wurde Benedikts Seele weit, so weit, dass sie mit der ganzen Welt eins wurde. Diese Erfahrung dürfen wir auch manchmal machen. Wenn wir ganz in Gott sind, sind wir auf einmal eins mit allem, was ist, und wir fühlen uns verbunden mit allen Menschen. Wir sind einverstanden mit ihnen. Wir erheben uns nicht über sie. Wir sehen in allem Gott. So hat es Siddharta erfahren, als er, gescheitert in seiner Askese und in seiner Sucht nach Vergnügen, am Strom liegt und sich auf einmal eins fühlt mit allen „Kindermenschen" und mit dem Strömen des Wassers. Als er in der Askese und in der Begegnung mit der Frau sich mit all seinen Abgründen erkannt hatte, wurde Siddharta auch fähig, eins zu werden mit allem Abgründigen dieser Welt, ohne sich über die Banalität der Menschen zu erheben. Eine ähnliche Erfahrung wird Benedikt gemacht haben.

Aber noch eine andere Einsicht hat Benedikt hier gewonnen. In Gott sah er, „wie begrenzt alles Irdische ist". Die alltäglichen Konflikte sind nicht mehr so wichtig. Der eigene Ruf ist nicht mehr wichtig. Alles Kreisen um die eigene Gesundheit und das eigene Wohlbefinden hört auf. Wir haben das Eigentliche geschmeckt. Für die transpersonale Psychologie besteht gerade darin die wahre Heilung. Das Einswerden mit Gott befreit uns davon, alle Energie auf die Konflikte des Ichs zu konzentrieren. Die Selbsttranszendierung in Gott hinein ist die wahre Heilung des Menschen. Sie nimmt den Ansprüchen des Ego ihre Dringlichkeit. Wir hören auf, nach Zuwendung und Anerkennung, nach Erfolg und Selbstbestätigung, nach Zärtlichkeit und Geborgenheit zu suchen. Wir haben das Leben geschmeckt. Wir haben Gott erfahren und in Gott alles, wonach wir uns sehnen. Die ganze Welt und alles, was die Welt zu bieten hat, kommen in Gott zur Ruhe. Es ist die Erfahrung, die Teresa in die Worte kleidete: „Gott allein genügt." Wer in Gott ist, für den ist es nicht mehr entscheidend, ob er gesund oder krank, stark oder schwach, fröhlich oder traurig, in Konflikten oder in Harmonie ist. In Gott übersteigt er die Ebene des menschlichen Wohlbefindens. In Gott berührt er das Eigentliche. In Gott kommt er selbst an sein Ende, in seine Vollendung.

Die Regel als Zeugnis für die Gestalt Benedikts

Erst nachdem Papst Gregor die Integration von *anima* und *animus* in der Begegnung mit Scholastika beschrieben hat, kommt er auf die Regel zu sprechen, die Benedikt verfasst hat. Ohne die Integration von *anima* und *animus* wäre die Regel ein bloßes Gesetzbuch geworden, Zeugnis eines männlichen Geistes, der alles zu ordnen und zu regeln versucht. So aber verbindet die Regel die Klarheit des männlichen Geistes mit der Güte fraulicher Liebe. Die kosmische Vision ermöglicht es Benedikt, die Regel als Weg zu Gott zu beschreiben. Sie ist ein spirituelles Buch und kein Gesetzbuch. Aber in dieser Regel werden auch die irdischen Dinge wie Essen und Trinken, gesundes Wirtschaften und der Umgang mit Konflikten richtig angesprochen. Da Benedikt die Welt in seiner Vision auf Gott hin überstiegen hat, kann er den weltlichen Dingen das rechte Maß zuteilen.

Gregor schreibt: „Er verfasste nämlich eine Regel für Mönche, die sich durch ihre Weisheit auszeichnet und glänzend geschrieben ist. Wenn einer seine Lebensart genauer kennen lernen will, kann er in den Anweisungen der Regel alles finden, was der Meister selbst übte. Denn der heilige Mann konnte nicht anders lehren als er lebte." Es sind zwei Eigenschaften, die

Gregor an der Regel hervorhebt. Sie zeichnet sich aus durch Weisheit. Im Lateinischen steht hier „discretio". Man könnte dieses Wort übersetzen mit weiser Mäßigung. Discretio meint aber auch die Unterscheidung der Geister. Weil Benedikt den Heiligen Geist in sich erfahren hat, kann er nun auch die Geister in den Menschen unterscheiden. Das gilt einmal für die Unterscheidung der Geister bei der Aufnahme junger Mönche: Da ist die Regel eine wichtige Hilfe, echte Berufung von unechten Motivationen zu unterscheiden. Dann aber meint die Unterscheidung der Geister, dass Benedikt genau zu unterscheiden weiß, was Gottes Wille ist und was nur menschlicher Ehrgeiz ist. Im Lichte Gottes kann er die weltlichen Dinge richtig einordnen, ohne einem falschen Asketismus zu verfallen.

Die zweite Eigenschaft ist „sermone luculentam". Die Regel ist in „glänzender (oder: lauterer, lichtvoller) Sprachgestalt gehalten". Hier kann ein Rückverweis auf die Studien des jungen Benedikt vorliegen. In Rom hat Benedikt – wie es damals üblich war – Rhetorik studiert. Er hat gelernt, wie man gut formuliert. Aber es kann auch noch etwas anderes bedeuten: Benedikts Worte sind lauter. Sie sind ohne persönlichen Ehrgeiz, ohne versteckte Aggression, ohne Misstrauen. In den Worten drückt sich die lautere Gesinnung Benedikts aus. Da wird deutlich, dass Benedikt weise geworden ist. In der Regel wird etwas vom göttlichen Licht sichtbar, das Benedikts Seele durchdrungen hat. Das meint Gregor wohl auch, wenn er bemerkt, dass man in der Regel die Lebensart des Meisters erkennen könne. Denn er hat nur gelehrt, was er gelebt hat. In den Worten der Regel wird also der Geist Benedikts sichtbar. Und es ist ein Geist, der durch die Begegnung mit dem Schatten, durch die Integration von *anima* und *animus* und durch eine tiefe Gotteserfahrung geläutert worden ist. Benedikt ist frei vom moralisierenden Ton. Moralisieren ist oft Ausdruck unterdrückter Sexualität und Aggression. Benedikt ist frei von Menschenverachtung und misstrauischem Kontrollierenwollen. Wenn man seine Regel mit der „Regula Magistri" (die Regel eines unbekannten Meisters, die man erst Anfang des letzten Jahrhunderts entdeckt hat und die Benedikt offensichtlich als Vorlage benutzt hat) vergleicht, so wird deutlich, von welch unterschiedlichem Geist sich die beiden Autoren leiten ließen. Der Verfasser der „Regula Magistri" ist von tiefem Misstrauen geprägt. Er denkt, er müsse die Mönche kontrollieren, denn im Grunde sind sie alle schlecht. Sie müssen streng geführt werden, damit sie einigermaßen anständig leben. Benedikt glaubt an das Gute im Menschen, weil er sich selbst in seiner eigenen Abgründigkeit erkannt hat und in seiner ungeschminkten Wirklichkeit Gott erfahren hat als den, der alles in ihm verwandelt.

Der Tod als Vollendung

Papst Gregor beschreibt den Tod Benedikts so, dass darin nochmals sein Wesen zum Ausdruck kommt. Benedikt wird nicht vom Tod überrascht. Er sieht ihn voraus und bereitet sich darauf vor. Er lässt sein Grab öffnen, in dem bereits Scholastika bestattet worden war. Er bekommt hohes Fieber. Nun lässt er sich von seinen Schülern in die Kapelle tragen. „Dort stärkte er sich für seinen Tod durch den Empfang des Leibes und Blutes des Herrn. Er stand da, in seiner Schwäche auf die Hände der Schüler gestützt, hob die Hände zum Himmel und unter Worten des Gebetes hauchte er seine Seele aus." Es ist schon eine besondere Form, stehend und mit ausgebreiteten Armen zu sterben. Aber in dieser Art des Sterbens wird nochmals sichtbar, was Benedikt in seinem Leben bestimmt hat. Er empfängt den Leib und das Blut Christi. Im Tod wird er eins werden mit Jesus Christus, dem er sein Leben lang gedient hat und dem er auf seinem Weg nachgefolgt ist. Er stützt sich auf die Hände der

Schüler. Er stirbt im Kreis seiner Schüler, gehalten und getragen von der brüderlichen Gemeinschaft. Hier wird deutlich, was die Gemeinschaft ihm bedeutet. Sie bietet ihm Halt. Sie gleicht seine Schwäche aus. Sie stärkt ihn, damit er das einsame Tor des Todes voll Vertrauen durchschreiten kann. Auch im Tod steht Benedikt in sich und zu sich. Er lässt sich auch von der Schwäche nicht niederzwingen. Stehend verweist er auf die Auferstehung, in der uns Christus aufrichtet. Der geistliche Weg hat Benedikt aufgerichtet. So kann er im Glauben feststehend sterben und aufrecht vor seinen Gott treten. Er erhebt seine Hände zum Himmel. Er stirbt betend, indem er mit ausgebreiteten Händen den Himmel öffnet über seinen Brüdern. Im Tod vollendet sich sein Beten. Da wird er wirklich eins mit dem, zu dem er täglich gebetet und den er im Chorgebet gepriesen hat. In seinem Tod wird seine Christusnachfolge sichtbar. Wie Jesus am Kreuz seinen Geist in die Hände des Vaters legte, so haucht Benedikt betend seine Seele aus und gibt sie dem Schöpfer zurück.

II.

WERK UND BOTSCHAFT

Benedikts Werk war die Gründung des Klosters auf dem Montecassino. Doch dieses Kloster wurde im Jahre 577 von den Langobarden geplündert und zerstört. Die Mönche zerstreuen sich. In Subiaco bestand ein von Benedikt gegründetes Kloster weiter, doch auch dieses Kloster verliert sich im Schweigen der Quellen. Erst im Jahre 717 wird das Kloster auf dem Montecassino wieder aufgebaut. Nach außen hin ist das Werk Benedikts sehr schnell zerstört worden. Zwei Dinge aber blieben von Benedikt erhalten und übten allmählich eine Wirkung auf das ganze Abendland aus: die Regel, die er verfasst hat, und das Bild, das uns Papst Gregor in den Dialogen überliefert. Benedikt war nicht der Erfinder einer Klosterregel. Es gab damals mehrere Regeln für Mönche. Doch Benedikts Regel zeichnet sich aus, einmal durch ihre Länge und ihre klare Struktur, in der nicht nur der geistliche Weg, sondern auch die Organisation der Gemeinschaft, der Arbeit, der wirtschaftlichen Dinge und die Gestaltung des gemeinsamen Gottesdienstes klar beschrieben werden. Und Benedikts Regel ist geprägt von der discretio, von Weisheit und dem Blick für das rechte Maß.

Benedikt hat wohl am meisten auf der so genannten Regula Magistri aufgebaut und vieles davon abgeschrieben. Diese Regel ist vermutlich nach 500 in Südgallien entstanden. Immerhin ein Viertel der Regel Benedikts ist aus der Regel des Magisters übernommen, zwei weitere Viertel sind davon beeinflusst. Ein letztes Viertel hingegen weist keine Beziehung zu dieser Quelle auf. Vergleicht man Benedikts Regel mit der des Magisters, so kommt der Unterschied zum Vorschein. Da ist zum einen eine andere Theologie, die Benedikt prägt. Wie der Magister will er eine Schule für den Dienst des Herrn errichten. Aber ihm geht es bei dieser Schule nicht nur um das Lernen des einzelnen Schülers, sondern auch um die Beziehungen der Schüler untereinander. Die Gemeinschaft Benedikts gleicht weniger einer Schule, sondern sie gewinnt „das neue Gesicht einer brüderlichen Vereinigung in Liebe" (Vogüé, TRE, V, 547). Zum anderen verzichtet Benedikt darauf, jede Einzelheit zu regeln. Er überlässt viele Entscheidungen der Kompetenz des Abtes, der jeweils auch die konkrete Situation der Gemeinschaft, ihre jeweilige wirtschaftliche und spirituelle Lage, berücksichtigen kann. Auf diese Weise ist die Regel Benedikts mit ihren 73 Kapiteln um zwei Drittel kürzer als die Regula Magistri.

Verbreitung der Regel

Die Regel Benedikts verdankt ihre Verbreitung und dann ihren Durchbruch zur allein gültigen Regel für die Mönche des Abendlandes zum einen der Klarheit und Weisheit, der Milde und Anpassungsfähigkeit sowie den psychologischen Kenntnissen ihres Autors, zum anderen „dem Lob des größten Papstes der ausgehenden Antike" (Vogüé, ebd. 549). Im 7. Jahrhundert breitet sich die Regel über die Alpen hinweg nach Norden hin aus. Damals befolgten viele Klöster meist verschiedene Regeln nebeneinander. Oft wurde die Regel Benedikts gemeinsam mit der des hl. Columban als Richtschnur eines Klosters anerkannt. Ende des 7. Jahrhunderts setzte sich die Regel Benedikts als alleinige Regel für viele Klöster in England durch. Von England aus kam die Regel dann durch die irischen und englischen Missionare nach Deutschland. Im Jahre 742 bestimmte das Concilium Germanicum, dass alle Klöster die Regel Benedikts befolgen sollten. Karl der Große drang auf eine einheitliche monastische Ordnung nach der Regel Benedikts. Er ließ sich im Jahre 787 eine Abschrift der benediktinischen Regel nach Aachen bringen. Schließlich war es der Reichsabt Benedikt von Aniane, der die Idee Karls des Großen und Ludwigs des Frommen im ganzen Frankenreich durchsetzte. Nun wurden die Benediktinerklöster zu Zentren der Spiritualität, aber zugleich auch zu kulturellen und missionarischen Zentren. Die Klöster missionierten in ihrem Umfeld, sie errichteten Schulen, Schreibstuben und Kunstwerkstätten, und sie rodeten das Land und bebauten es.

Benedikt und die Antike

In den dreißiger Jahren erkannten manche Theologen in der Regel Benedikts vor allem deren Anklänge an die griechischen Philosophenschulen der Stoa und des Neuplatonismus, so dass H. Grünewald die Mönche als die Nachfolger und christlichen Vertreter der heidnischen Philosophen bezeichnen konnte. Als Ideal Benedikts galt ihm das griechische Philosophenideal, und das Symbol hierfür sah er in der Gleichzeitigkeit der Gründung von Montecassino im Jahre 529 mit der Schließung der Schule der Weisheit zu Athen unter Justinian. Doch Benedikt wollte nicht die griechischen Philosophenschulen nachahmen, sondern seine Mönche in die Nachfolge Jesu Christi einführen. Dass es dabei auch Berührungspunkte mit der antiken Geisteswelt gibt, ist für Benedikts Zeit selbstverständlich, denn das Erbe der Antike war damals noch so lebendig und fruchtbar, dass es, bewusst oder unbewusst, auf jeden christlichen Schriftsteller einwirkte. Nur zweimal zitiert Benedikt antike Schriftsteller: Sallust (RB 1,34) und Sextus (RB 7,184). Ansonsten gibt es vor allem Anklänge an das römische Recht, etwa wenn Benedikt seine Regel als „lex = Gesetz" bezeichnet oder wenn er die Profess-Urkunde schriftlich abfassen lässt. Römischen Geist atmet auch die Beschreibung des „pius pater". Dem römischen Familienrat entspricht der Rat der Brüder. Auch die Idee des Kriegsdienstes, den die Mönche für Christus leisten, ist für römisches Empfinden verständlich. Doch trotz aller Anklänge an das Geistesgut der Antike möchte Benedikt seine Mönche vor allem in den Dienst Jesu Christi stellen. Ihn sollen sie zum Mittelpunkt ihres Lebens machen (vgl. Emonds, RAC, II, 132ff.).

Leitlinien der Regel

1. Der spirituelle Weg des Einzelnen

Benedikt versteht das geistliche Leben des Mönches als einen Weg. Auf diesen Weg der Verwandlung lädt er den einzelnen Mönch ein. Es ist für Benedikt ein Weg des Heils, ein Weg, auf dem der Einzelne heil und ganz wird. Geistliches Leben heißt für Benedikt: auf dem Weg sein. Auf diesem Weg gibt es Mühe und Anstrengung. Und dieser Weg braucht Methoden, um voranzukommen. So kann Benedikt den Weg auch im Bild der geistlichen Kunst (ars spiritalis) beschreiben. Im 4. Kapitel führt er uns die Werkzeuge der geistlichen Kunst vor Augen, mit denen wir auf unserem Weg vorankommen. Mit dem Ausdruck „ars spiritalis" übersetzt Benedikt den griechischen Begriff der „Askesis". Askese „meint in der ursprünglichen Bedeutung die künstlerische Bearbeitung eines Gegenstandes, aber auch leibliche Übung und geistige Schulung. In der Philosophie der Stoa bedeutet Askese Einübung in die Tugend" (Die Benedikts-Regel, 31). In der geistlichen Kunst bearbeitet der Mönch mit den Werkzeugen, die Benedikt ihm anbietet, seinen Leib und seine Seele, damit immer mehr die ursprüngliche und einmalige Gestalt zum Vorschein kommt, die Gott sich von ihm gemacht hat. Benedikt nennt die Werkzeuge der geistlichen Kunst und die Werkstatt, in der diese Kunst ausgeübt wird: „Die Werkstatt aber, in der wir das alles sorgfältig verwirklichen sollen, ist der Bereich des Klosters und die Beständigkeit in der Gemeinschaft" (RB 4,78). Das Kloster ist also eine Werkstatt, in der geistlich gearbeitet wird, in der die Gestalt des wahren Selbst geformt und herausgebildet wird.

Der Weg der Demut

Der eigentliche innere Weg des einzelnen Mönches wird im 7. Kapitel beschrieben, dem Kapitel über die Demut. Das klingt zunächst eher abschreckend, denn Demut ist nicht unbedingt das, was uns heute fasziniert und anspricht. Als Novize habe ich dieses Kapitel gar nicht geliebt. Es schien mir eine eher pessimistische Spiritualität, die Benedikt hier beschreibt. Heute sehe ich dieses Kapitel anders. Es ist die Beschreibung des spirituellen Reifungsweges. Schon die Einleitung gibt das Ziel des Demutsweges an. Benedikt stellt dem Mönch das Bild der Himmelsleiter vor Augen. Jakob hat auf der Flucht vor seinem Bruder Esau – auf der Flucht vor seinem eigenen Schatten – in der Wüste von dieser Himmelsleiter geträumt. Auf dieser Leiter stiegen Engel auf und nieder. Und oben auf der Leiter stand Gott und versprach Jakob: „Ich bin mit dir, ich behüte dich, wohin du auch gehst, und bringe dich zurück in dieses Land. Denn ich verlasse dich nicht, bis ich vollbringe, was ich dir versprochen habe" (Gen 28,15). Die Himmelsleiter ist in der frühen Kirche immer als Bild der Kontemplation gesehen worden. Seit jeher haben spirituelle Autoren den geistlichen Weg als Aufstieg zu Gott gedeutet. Das christliche Paradox besteht nun darin, dass wir zu Gott aufsteigen, indem wir hinabsteigen in die eigene Wirklichkeit. Nur wer sich selbst begegnet, wird Gott begegnen. Ohne ehrliche Selbstbegegnung werden wir nur unseren eigenen Projektionen begegnen, nicht aber dem wirklichen Gott. Benedikt deutet das Herab- und Hinaufsteigen der Engel so: „Durch Selbsterhöhung steigen wir hinab und durch Demut hinauf" (RB 7,7). Demut heißt im Lateinischen „humilitas". Das Wort kommt von „humus = Erde". Nur wer den Mut hat, seine eigene Erdhaftigkeit, seine Menschlichkeit anzunehmen, wird in der Kontemplation zu Gott aufsteigen. In diesem Bild fasst Benedikt die Erfahrung des frühen Mönchtums zusammen, wie sie vor allem Evagrius Ponticus beschrieben hat. Auf dem Weg zu Gott begegne ich meinen eigenen Schattenseiten, meinen Gefährdungen, meinen Leidenschaften, meinen Bedürfnissen und Emotionen. Wer sich selbst erhöht, der möchte seine psychische Realität überspringen. Er möchte durch ein „spiritual bypassing" Gott dazu benutzen, um seiner eigenen Wirklichkeit auszuweichen. Doch dann landet er in einer Sackgasse. Er wird nicht zu Gott gelangen, sondern nur zu seinen eigenen Bildern, die er sich von Gott und von sich selbst gemacht hat.

Benedikt deutet die Himmelsleiter auf eine sehr persönliche Weise: „Die so errichtete Leiter ist unser irdisches Leben. Der Herr richtet sie zum Himmel auf, wenn unser Herz demütig geworden ist. Als Holme der Leiter bezeichnen wir unseren Leib und unsere Seele. In diese Holme hat Gottes Anruf verschiedene Sprossen der Demut und Zucht eingefügt, die wir hinaufsteigen sollen" (RB 7,8f.). In unserem konkreten Leben hier auf der Erde, in unserem Alltag entscheidet es sich, ob wir zu Gott gelangen oder nicht. Die Holme sind Leib und Seele. Der Leib ist auf dem geistlichen Weg genauso wichtig wie die Seele. Mit Leib und Seele müssen wir uns auf den Weg zu Gott machen. Spiritualität geschieht nicht nur im Geist, sondern ebenso im Leib. Wenn der Leib nicht verwandelt wird, wird auch der Geist nicht wirklich zu Gott finden. Leib und Seele wirken aufeinander ein. In den Leib und in die Seele hat Gott die zwölf Sprossen der Demut und Zucht (disciplina) eingefügt. Demut ist mehr die innere Haltung. Disciplina meint die konkrete Übung. Disciplina kommt vom lateinischen Wort „dis-cipere = ergreifen, in die Hand nehmen, zergliedern". Disciplin heißt, dass ich mein Leben selbst in die Hand nehme. Geistliches Leben ist auch ein Tun, ein Kämpfen mit einer ganz bestimmten Methode. Die frühen Mönche sagen: „Wer ohne Methode kämpft, der kämpft vergebens." Und geistliches Leben heißt, dass ich selber die Verantwortung für mein Leben übernehme. Es genügt nicht, sich nur zu bedauern wegen der eigenen verletzten Lebensgeschichte. Ich kann mein Leben formen, es in die Hand nehmen und so gestalten, dass es dem ursprünglichen und unverfälschten Bild Gottes von mir entspricht.

Benedikt steht mit seinen Gedanken über die Demut in der Tradition der Kirchenväter und des frühen Mönchtums. Für Basilius besteht die Demut in der Devise „Erkenne dich selbst", für Origenes ist die Demut die Tugend schlechthin, die alle anderen einschließt, ein kostbares Geschenk Christi an die Menschheit, sie „ist die eigentliche Kraftquelle der Christen" (Dihle, RAC, III, 756), und sie allein macht uns zur wahren Kontemplation fähig. Gregor von Nyssa meint, der Mensch könne Gott nur in seiner Demut nachahmen. Daher sei die Demut der Weg zur Angleichung an Gott (homoiosis theo). Johannes Chrysostomus sieht die Demut zusammen mit der Würde des Menschen und warnt vor falscher Selbsterniedrigung. Augustinus hat wohl am ausführlichsten die Demutslehre entfaltet. Für ihn ist die Demut einmal Selbsterkenntnis, zum andern Nachahmung der Demut Christi, seiner Selbstentäußerung im Tod, die für uns Erlösung bewirkt. Die Demut Christi (seine humilitas) ist „in erster Linie Heilstat Gottes" (Dihle, ebd. 772). Daher ist die Demut nicht zuerst Tugend, sondern eine religiöse Haltung, die den Menschen mit Christus verbindet. Augustinus wagt sogar zu sagen, dass die Sünde mit Demut verbunden besser sei als die Tugend ohne Demut. Denn sie öffnet mich für Gott, während die Tugend des Stolzen uns Gott gegenüber verschließt.

Wenn wir das Demutskapitel bei Benedikt lesen, sollten wir die Tradition der Kirchenväter mitbedenken. Die Deutung der Kirchenväter bewahrt uns davor, in der Demut eine Erniedrigung des Menschen zu sehen, die ihn klein und verächtlich macht. Und sie hindert uns daran, Demut einseitig als ethische Tugend zu verstehen. Demut ist für die frühe Kirche wesentlich eine religiöse Haltung, in der der Christ Christus selbst nachahmt und so Christus ähnlich wird. Und sie ist Voraussetzung für die Kontemplation. Benedikt sieht die Übung der Demut als imitatio Christi, als Nachahmung Christi, als Hineinwachsen in Jesus Christus. Und er sieht die Demut als Übungsweg in die vollkommene Liebe, in das Einswerden mit Gott in der Kontemplation. Diese vollkommene Liebe (caritas; RB 7,67ff.) ist gekennzeichnet durch die Liebe zu Christus (amor Christi = die erosgetränkte Liebe zu Christus, die intime Beziehung zu ihm) und durch die Lust an den Tugenden (dilectio virtutum), wobei die Tugend nicht moralisch gesehen wird, sondern als Kraft des Menschen, die ihm vom Gott geschenkt wird. Die Demut führt den Menschen also zur Lust an seiner Lebendigkeit, an seiner Kraft, an seinem vom Geist Gottes geformten Leben. Das Ziel des Demutsweges ist somit nicht die humiliatio, die Demütigung des Menschen, sondern seine Erhöhung, seine Verwandlung durch den Geist Gottes, der ihn ganz und gar durchdringt, und seine Lust an dieser neuen Qualität seines Lebens.

Wohl in keinem Kapitel hat Benedikt mehr Schriftstellen zitiert als im Kapitel über die Demut. Er beginnt seine spirituelle Lehre, die uns über die Demut zur Liebe führen soll, mit dem

Wort Jesu: „Laut ruft uns, Brüder, die Heilige Schrift zu: ‚Wer sich selbst erhöht, wird erniedrigt, wer sich aber selbst erniedrigt, wird erhöht werden' (Lk 18,14). Es geht Benedikt also in seinem Demutskapitel darum, das Wort Jesu zu erfüllen und in seine Gesinnung hineinzuwachsen. Dabei dürfen wir das Wort von der Selbsterniedrigung nicht moralisierend verstehen, so als ob wir uns klein machen und klein von uns denken müssten. Es ist vielmehr psychologisch zu deuten: Wer sich mit hohen Idealen identifiziert, der wird unweigerlich mit seinen Schattenseiten konfrontiert, er wird gezwungen, sich seiner Menschlichkeit, seinem „humus", zu stellen. Und oft genug fällt er auf die Nase, weil er sich zu hoch verstiegen hat. Wer aber hinabsteigt in die eigene Wirklichkeit, in die Abgründe seines Unbewussten, in das Dunkel seines Schattens, in die Ohnmacht seines eigenen Strebens, wer in Berührung kommt mit seiner Menschlichkeit und Erdhaftigkeit, der steigt empor zu Gott. Aufsteigen zu Gott ist das Ziel aller geistlichen Wege. Das Paradox einer Spiritualität von unten, wie sie Benedikt in seinem Demutskapitel beschreibt, ist nun, dass wir gerade durch das Hinabsteigen in unsere menschliche Realität zu Gott hinaufsteigen. Der Pharisäer, der alles Vertrauen auf sich und seine moralische Leistung setzt, verachtet Menschen, die nicht soviel leisten können. Er stellt sich über sie und wird daher von Gott erniedrigt, von Gott mit seinen Schattenseiten konfrontiert. Und der Zöllner, der alles Vertrauen auf Gott setzt, der in seiner Demut sich selbst erkennt, liefert sich der Barmherzigkeit Gottes aus und wird daher von Gott aufgerichtet und erhöht. So möchte uns Benedikt in seinem Demutskapitel in das Wesen der Botschaft Jesu einführen, die die Selbstgerechtigkeit der Pharisäer entlarvt und den Zöllnern und Sündern Gottes Barmherzigkeit und Heil zuspricht.

Durch die Demut steigt der Mensch zur Kontemplation, zur Schau Gottes auf. Das Aufstiegsschema ist seit Clemens von

Alexandrien beliebt. Für Clemens ist der Mensch auf dem Weg zu Gott, indem er durch dieses Leben aufsteigt zur Erkenntnis Gottes, zur wahren Gnosis. „Origenes beschreibt den Aufstieg der Seele zu Gott im Bild der Wüstenwanderung des Volkes Israel" (Kammermeier, PLSp, 85). Gregor von Nyssa deutet unsern Aufstieg „als eine Stufenleiter, die von Sehnsucht zu immer tieferer Sehnsucht führt" (ebd.). Benedikt sagt nun ganz kühn, dass der Aufstieg über den Abstieg geht. Ich muss hinabsteigen in meine eigene Wirklichkeit, in meine Erdhaftigkeit, um gerade durch das Hinabsteigen aufzusteigen zu Gott. Indem ich hinabsteige, öffnet sich für mich der Himmel und Gottes Nähe wird in den Engeln offenbar.

Das Bild der Jakobsleiter galt schon vor Benedikt als Beschreibung unseres Aufstiegs zu Gott. Und auch nach Benedikt ist dieses Bild in der geistlichen Literatur beliebt, so bei Johannes Climacus in seiner „Leiter zum Paradies", bei Bonaventura, Teresa von Avila und Johannes vom Kreuz. Augustinus nennt Christus selber unsere Leiter, „scala nostra". Christus ist zu uns hinabgestiegen, damit wir durch ihn zu Gott aufsteigen können. Die Holme werden von vielen Kirchenvätern als die beiden Testamente interpretiert oder auch als das Doppelgebot von Gottes- und Nächstenliebe. Das Ziel des Aufstiegs ist die Vereinigung mit Gott. Die zwölf Stufen der Demut sind daher nicht in erster Linie als asketischer Weg zu verstehen, sondern als mystischer Weg, als Weg der Kontemplation, als Weg zur Erfahrung des Gottes, der sich uns schenken will. Gott hat eine Leiter zwischen uns und sich errichtet, die uns mit ihm verbindet und unser Leben bis in den Himmel ragen lässt.

In die Holme von Leib und Seele hat Gott nun die zwölf Stufen der Demut eingefügt, auf denen wir zur Kontemplation gelangen, auf denen wir unseren inneren Reifungsweg gehen und mit Gott eins werden können. Benedikt folgt mit seinen zwölf Stufen Cassian. Für Cassian ist die Demut allerdings eine

Stufe in den sieben Stufen, die von der Furcht des Herrn über die Zerknirschung zur Demut und schließlich zur Herzensreinheit, zur Liebe führen. Und Cassian gibt zehn Zeichen (indicia) an, an denen man die Demut erkennt. Benedikt übernimmt diese zehn Zeichen, deutet sie aber als Stufen um, die man gehen kann. Der Weg der Demut ist also für ihn ein innerer Prozess, der zur Vollendung führt. Und Benedikt fügt den zehn Zeichen noch zwei Stufen hinzu: Er nimmt die Furcht des Herrn, die bei Cassian Grundlage der Demut ist, als erste Stufe; und er fügt als letzte Stufe die Verwandlung des Leibes an. Im ganzen Leib wird sichtbar, dass der Mensch auf Gott bezogen ist. Zehn ist in der Symbolik immer ein Bild für Ganzheit. Die zehn Drachmen symbolisieren den ganzen Menschen. Zwölf ist ebenfalls ein Bild für die Ganzheit, schließt aber immer schon das Miteinander mit ein. Es sind zwölf Stämme Israels, zwölf Apostel als Grund der Kirche. Somit deutet Benedikt das Verständnis der Demut bei Cassian um. Es geht Benedikt nicht nur um die Selbstwerdung des Einzelnen, sondern auch um seine Beziehungsfähigkeit und um die Ermöglichung echter Gemeinschaft. Demut ist Voraussetzung für ein gelungenes Miteinander. Das Ziel des Stufenweges der Demut ist nach Benedikt die vollkommene Gottesliebe, die caritas perfecta, welche die Liebe zu Gott (in der Kontemplation) und die Liebe zu den Brüdern einschließt.

Im Folgenden soll deutlich werden, dass uns die zwölf Stufen der Demut zu menschlicher Reife führen, zur Gemeinschaft mit unsern Brüdern und Schwestern und zu Gott, mit dem wir in der Kontemplation eins werden dürfen. Es gibt verschiedene Möglichkeiten, das Schema der zwölf Stufen zu verstehen und zu gliedern. Man kann sich fragen, ob es eine innere Dynamik dieser zwölf Stufen gibt oder wie sie miteinander zusammenhängen. Man könnte die zwölf Stufen in drei Bereiche gliedern: in Stufe 1 bis 4 geht es um die Verwandlung des Willens, in 5 bis

8 um die Verwandlung der Gedanken und in 9 bis 12 um die Verwandlung des Leibes (Wolfsteiner). Man könnte aber auch in vier Bereiche gliedern: 1 bis 3 als Beziehung zu Gott, zu sich selbst, zu den Menschen, 4 bis 6 der Weg zu Gott über die Gedanken und Gefühle, 7 bis 9 der Weg zu Gott durch Annahme der Realität und 10 bis 12 Verleiblichung der Gotteserfahrung und Selbsterfahrung. Ganz gleich welcher Einteilung man folgt, auf jeden Fall beschreiben die zwölf Stufen eine innere Entwicklung. Ihre Reihenfolge ist nicht zufällig. Wir folgen hier dem Schema, die zwölf Stufen in vier Bereiche einzuteilen.

Die erste Stufe – die Beziehung zu Gott

Die ersten drei Stufen beschreiben die Beziehungen, die für den inneren Weg nötig sind: die Beziehung zu Gott, zu uns selbst und zu unseren Mitmenschen. Unser Leben wird nur heil, wenn es auf Gott, auf die Mitmenschen und auf uns selbst bezogen ist. Manche Psychologen meinen, die Krankheit unserer Zeit sei die Beziehungslosigkeit. Viele Menschen sind auf nichts mehr bezogen, weder auf Gott noch auf andere. Sie sind beziehungsunfähig. Doch wer unbezogen lebt, der verliert seine Mitte, dessen Leben wird leer, sinnlos. Die Beziehungslosigkeit zeigt sich in allen Verhaltensweisen als zerstörerisch. Wer zu keinem Menschen eine Beziehung aufbauen kann, hat auch zu sich selbst keine Beziehung. Er lebt neben sich her, er kommt nicht in Berührung mit seinem eigenen Herzen. Und so sucht er ständig außen nach Liebe, nach Geborgenheit. Aber weil er unbezogen ist, findet er sie nicht. Seine Beziehungslosigkeit zeigt sich in seinem Umgang mit der Schöpfung. Er hat keine Beziehung zur Natur, er hat auch keine Beziehung zu seinem Werkzeug. Wenn Benedikt schreibt, dass wir das Werkzeug sorgfältig behandeln, ja dass wir es als heiliges Altargerät sehen sollen, dann drückt sich darin das Bezogensein des Menschen auf Gott, auf die Menschen und auf die Natur aus. Wenn der Mensch in seiner Beziehungsfähigkeit erkrankt ist, wird sein Leben ziellos, es verliert Mitte und Halt.

Auf der ersten Stufe geht es um die Beziehung zu Gott. Sie ist die Voraussetzung für unser Leben. Wir können nur heil werden, wenn alle unsere Gedanken und Gefühle immer auf Gott bezogen sind. Benedikt warnt uns vor der Gottvergessenheit, die normalerweise unser Leben prägt. Der erste Schritt besteht darin, dass wir Gott fürchten, dass wir ihn ernst nehmen, ein Gespür für sein Geheimnis und seine Größe gewinnen. In allem sollen wir auf Gott bezogen sein. Gott schaut auf uns. Wir leben immer und überall vor seinen Augen, die liebend auf uns blicken, die uns aber auch durchschauen und uns zur inneren Wahrheit zwingen. Gott kennt unsere Gedanken und unsere Gefühle, er durchschaut unser Herz, den Sitz der Gedanken, und unsere Nieren als den Sitz der Gefühle. Die Gedanken und Gefühle auf Gott beziehen, heißt achtsam mit sich und den Regungen des Herzens umgehen. Was will mir Gott in meinen Gefühlen sagen? Was regt sich da in mir? Benedikt meint, dass Gott in unseren Gedanken gegenwärtig sei. Wir können ihm also begegnen, indem wir auf die eigenen Gedanken und Gefühle achten. Alles, was sich in unserem Herzen regt, hat auch etwas mit Gott und mit unserer Beziehung zu Gott zu tun. Wenn Gott der ist, der unsere Gedanken von ferne erkennt und uns auf Herz und Nieren prüft, dann kann uns das Achten auf unsere Gedanken und Gefühle, dann kann uns die ehrliche Selbsterkenntnis zu Gott führen.

Gott sieht auf unseren Willen. Daher müssen wir uns auch in unserem Willen für Gott öffnen. Der Eigenwille, der sich Gott gegenüber verschließt, führt uns in die Irre. Er macht uns blind für die eigene Wirklichkeit. Gott sieht noch tiefer in unser Herz. Er erkennt darin auch unsere Sehnsucht, unsere Wünsche und Bedürfnisse, unser Begehren und Wollen. Benedikt zitiert Psalm 38,10: „All mein Sehnen liegt offen vor dir." Zu einem Leben aus der Beziehung zu Gott gehört auch, dass wir mit der Sehnsucht in unserem Herzen in Berührung kommen, dass wir unsere Sehnsüchte auf Gott richten und ihm offen legen, dass wir sie zu Ende denken und durch sie hindurch zu Gott kommen. Im Lateinischen kann „desiderium" Sehnsucht bedeuten und zugleich auch Bedürfnis, Verlangen des Fleisches und jegliches Begehren. Aber, so sagt Benedikt, auch in unseren Trieben, etwa der Sexualität, ist Gott gegenwärtig. Auch sie dürfen wir nicht vor ihm verschließen. Wenn wir sie auf ihn beziehen, kommen sie in Ordnung. Es geht nicht um Unterdrückung der Leidenschaften, um Unterdrückung der Sexualität, sondern darum, sie Gott hinzuhalten und sie auf Gott zu beziehen. In der Beziehung zu Gott darf alles sein, bekommt alles sein rechtes Maß.

Gott sieht auf unsere Gedanken und Gefühle, auf unseren Willen und auf unsere Sehnsucht, um zu erkennen, ob wir wahrhaft Gott suchen. Die erste Stufe der Demut will uns dazu führen, dass wir alles, was in uns ist, auf Gott richten und dass wir durch unsere Gedanken und Gefühle, durch unseren Willen und unsere Sehnsucht hindurch Gott suchen, dass wir uns nicht verschließen in unseren Gedanken und Gefühlen, sondern sie zu Ende denken und sie auf Gott beziehen. Das Bezogensein auf Gott ist die Bedingung, dass wir innerlich frei werden, dass wir nicht mehr beherrscht werden von irgendwelchen Gedanken und Gefühlen, sondern in allem von Gottes Geist durchdrungen und zu uns selbst befreit werden. Entscheidend ist, dass wir in der Gegenwart Gottes leben. Dann wird unser Leben heil. Die Gegenwart Gottes konkretisiert sich für Benedikt in den Engeln, die uns zugeteilt sind. Gott ist uns so nahe, dass er uns mit Engeln umgibt, die uns beschützen, die aber zugleich alles vor Gott tragen, die also alles in uns auf Gott beziehen. Unsere Antwort auf die Gegenwart der Engel, auf die Nähe

Gottes, die uns umgibt, wäre die Achtsamkeit des Herzens, das Achten auf unsere Gedanken und Gefühle, auf unsere Sehnsucht und Bedürfnisse, und das Achten auf Gottes heilende und liebende Nähe.

Die zweite Stufe – die Beziehung zu mir selbst

Die zweite Stufe meint die Beziehung zu uns selbst. Wir sollen nicht den Eigenwillen lieben, sondern Gottes Willen, d. h. wir sollen nicht vordergründig bei unseren Wünschen und Bedürfnissen stehen bleiben, sondern tief genug in uns hineinhorchen, bis wir auf den Punkt stoßen, an dem wir im Einklang sind mit dem Willen Gottes. Das ist dann auch der Punkt, an dem wir in Berührung kommen mit unserem unverfälschten Kern, mit unserem innersten Wesen. Wir entdecken in uns verschiedene Stimmen. Da ist die oberflächliche Stimme, die Benedikt mit dem Eigenwillen meint: „Ich will jetzt dorthin, ich will das haben, ich brauche das unbedingt, ich will nicht, was du von mir erbittest." Wenn wir im Gebet tief genug in uns hinein horchen, werden wir aber eine andere Stimme entdecken, die mit unserem eigentlichen Wesen übereinstimmt. Es ist die Stimme Gottes. Es ist der Wille Gottes. Gottes Wille ist nicht etwas Fremdes, das uns übergestülpt wird, sondern der Wille, der unser Leben, unsere Freiheit, unsere Echtheit will. Nur wenn wir aus dem Willen Gottes, aus unserer inneren Wahrheit leben, kann unser Leben gelingen. Die Beziehung zu unserem unverfälschten Wesen ist die Bedingung dafür, dass wir Gott erfahren können. Je mehr wir in uns hineinhorchen, desto mehr werden wir erkennen, dass wir nicht aus uns selbst leben, sondern aus Gott, dass Gott uns berufen hat, sein Bild in uns auszuformen. Und wir werden unserer innersten Berufung nur dann gerecht, wenn wir dieses Bild Gottes in uns erspüren, wenn wir auf seinen Willen für uns horchen. Benedikt lässt uns daher mit Jesus sprechen: „Ich bin nicht gekommen, um meinen Willen zu tun, sondern den Willen dessen, der mich gesandt hat" (Joh 6,38; RB 6,13). Die Demut soll uns in die Gesinnung Jesu führen und durch ihn zum Vater. Demut ist konkrete Nachfolge Jesu (imitetur), in ihr erfüllen wir das Wort Jesu in unserem Tun.

Und Benedikt führt gleich noch ein anderes Schriftwort an: „Voluntas habet poenam et necessitas parit coronam — Eigensinn führt zur Strafe, Bindung erwirbt die Krone." Dieses Wort steht jedoch nicht in der Schrift, sondern in den Märtyrerakten der hl. Irene. Benedikt verwendet es als Autorität wie die Heilige Schrift. Diesen Satz könnte man als Bestätigung der Freudschen Psychologie verstehen: Reine Bedürfnisbefriedigung macht den Menschen unreif und bringt ihn in viele Schwierigkeiten. Reif macht ihn erst die Realitätsanpassung (necessitas), die nur durch Triebverzicht gelingt. Der Weg von den eigenen Bedürfnissen zur Realität um mich herum ist entscheidend für die menschliche Entwicklung. Er bringt mich in Berührung mit meiner eigenen tiefsten Wirklichkeit.

Die dritte Stufe – die Beziehung zu den Menschen

Der Gehorsam dem Obern gegenüber aus Liebe zu Gott beschreibt die Beziehung zu den Menschen. Wir können zu Gott nicht am Menschen vorbei gelangen. Wir brauchen die Beziehung zum Andern, wir brauchen die Offenheit für das, was der Andere uns sagen möchte. Wir müssen darauf horchen, was Gott uns durch den Andern, gerade durch den Obern, sagt. Wenn wir nur auf uns selbst hören, können wir uns auch etwas vormachen. Wir sind in Gefahr, unsere vordergründigen Gedanken als den Willen Gottes auszugeben. Wir sind als Menschen aufeinander verwiesen. Gott spricht durch den Mitmenschen hindurch. Und gerade durch den Obern durchkreuzt uns

Gottes Wort und hindert uns daran, unsere eigenen Gedanken mit denen Gottes zu identifizieren.

Gehorsam meint aber nicht nur das Horchen, sondern auch das Tun. Wir sollen in unserem Handeln frei werden von den Gewohnheiten, die uns bestimmen. Gehorsam meint immer die innere Freiheit von Gewohnheiten und Haltungen, die Freiheit auch von der Meinung der Menschen. In unserem Herzen sollen wir uns allein von Gott bestimmen lassen. Gehorsam setzt Freiheit voraus und schafft zugleich die Freiheit, die wir brauchen, um wirklich zu Gott zu finden. Benedikt nennt den Gehorsam vollkommen und zeigt damit, dass er etwas mit der Vollkommenheit und Ganzheit Gottes zu tun hat. Daher stellt er uns Christus vor Augen, der gehorsam war bis zum Tod. Jesus ist der inneren Stimme in seinem Herzen so klar gefolgt, dass er sich von den Menschen und ihrer Ablehnung nicht davon abhalten ließ. Gehorsam meint diese innere Klarheit, das Offensein für Gottes Stimme, der uns zu unserem wahren Bild und zu unserer tiefsten Bestimmung ruft. Auch hier spricht Benedikt wieder von imitatio Christi, von der Nachahmung und Nachfolge Christi, die in diesem Gehorsam zum Ausdruck kommt.

Die vierte Stufe – der Umgang mit den Emotionen

Die nächsten drei Stufen der Demut beziehen sich auf den Umgang mit den Gedanken und Gefühlen. Zum Prozess der Reifwerdung gehört notwendig, dass wir in Berührung kommen mit unseren Gefühlen und dass wir einen Weg finden, mit ihnen gut umzugehen. Und für die Kontemplation ist es eine wesentliche Voraussetzung, dass wir frei geworden sind von negativen Emotionen. Der Weg zu Gott führt nicht an den Gefühlen vorbei, sondern durch sie hindurch. Die vierte Demutsstufe behandelt die negativen Emotionen, die in uns auftauchen bei unangenehmen Arbeiten, wenn wir ungerecht behandelt werden und wenn wir gekränkt und verletzt werden. Benedikt rechnet mit den negativen Gefühlen, die von widrigen Umständen und von verletzenden Menschen hervorgerufen werden. Aber er zeigt uns einen Weg, wie wir mit diesen Gefühlen umgehen sollen. Wir sollen schweigen und die Geduld bewahren, damit so ein Raum entsteht, in dem wir die Emotionen anschauen und bearbeiten können. Die Bearbeitung der Gefühle geschieht durch die Konfrontation mit Bibelworten. Es ist interessant, dass Benedikt hier neben einem Zitat aus dem Römerbrief entweder Worte aus dem Matthäusevangelium, vor allem aus der Bergpredigt, oder Psalmverse zitiert, in denen für ihn Christus selber spricht. Die Gefühle werden also verwandelt, indem wir in die Gesinnung Jesu hineinwachsen.

In das Gefühl der Enttäuschung und der Überforderung hinein sollen wir das Wort Jesu meditieren: „Wer bis zum Ende standhaft bleibt, der wird gerettet" (Mt 10,22). Wir sollen unser Gefühl nicht vergewaltigen oder es krampfhaft vertreiben. Wenn wir das Wort Jesu in unsere Enttäuschung hineinhalten, dann wird sie sich allmählich verwandeln. Wir werden mitten in der Frustration mit unserer Kraft und Standhaftigkeit, mit unserem Ehrgeiz durchzuhalten, in Berührung kommen. Ja, so meint Benedikt, wir sollen in den Widrigkeiten des Lebens danach fragen, ob wir darin nicht Gott selbst begegnen. Wir sollen daher den Psalmvers meditieren: „Dein Herz sei stark, und ertrage den Herrn!" (Ps 27,14). Der Ärger über das Unrecht und über widrige Umstände macht uns blind für die Chancen, die gerade in den Schwierigkeiten des Lebens stecken. Wenn wir durch die Meditation des Psalmverses entdecken, dass wir Gott selbst darin begegnen, dann können wir anders mit den Problemen umgehen und dann werden in uns positivere Gefühle wach. Benedikt spricht hier vom Gefühl, stark zu sein und in sich Kraft zu haben. Die Konfrontation mit den widrigen

Umständen im Lichte Gottes wird unsere Gefühle verwandeln und uns mit innerer Kraft erfüllen. Ps 27,14 könnte uns an den Jakobskampf erinnern. Indem Jakob mit Gott kämpft, wird er gesegnet und zum Stammvater für viele Völker. Wir begegnen Gott mitten in dem, was uns widerfährt, was uns angreift, seien es Brüder, die uns Unrecht tun, sei es der eigene Schatten, der uns anfällt. Hier, mitten in der Tretmühle des Alltags, entscheidet es sich, ob einer durch die täglichen Frustrationen bitter und hart wird oder sich davon für Gott aufbrechen und sich von Gottes Geist verwandeln lässt.

Benedikt zeigt verschiedene Wege auf, mit den Gefühlen umzugehen. Einmal verstärkt er das negative Gefühl, um es zu verwandeln, ein andermal setzt er ein positives Gefühl dagegen. Das zeigt er bei der Erfahrung des Leides. Leid kann niederdrücken und depressiv machen. Benedikt verharmlost das Leiden nicht, sondern er verschärft es, indem er den Psalmvers zur Meditation empfiehlt: „Um deinetwillen werden wir den ganzen Tag dem Tod ausgesetzt, behandelt wie Schafe, die zum Schlachten bestimmt sind" (Ps 44,23; vgl. Röm 8,36). Unser Leiden ist Realität, ja es wird noch schlimmer werden, wir werden letztlich dem Tod ausgeliefert. Aber indem ich mein Leiden mit der Passion Jesu vergleiche, der für uns wie ein Lamm zur Schlachtbank geführt wurde, kann ich mich damit aussöhnen und die Gemeinschaft mit Jesus Christus erfahren. Indem ich mich mit meinem Leiden aussöhne und damit einverstanden bin, erfahre ich in mir Frieden. Aber das wäre nur eine rein passive Reaktion, mich ins Leiden zu ergeben. Es braucht auch den anderen Pol in uns: den Pol des Kampfes. Deshalb sollen wir zugleich mit dem Apostel Paulus sprechen: „Doch all das überwinden wir durch den, der uns geliebt hat" (Röm 8,37). Nur wenn wir beide Pole in uns zulassen: das Einverstandensein und den Protest, das Sich-Ergeben und den Kampf, Passivität und Aktivität, werden wir gut mit den Widrigkeiten des Lebens und den daraus resultierenden Gefühlen von Angst und Depressivität umgehen können.

Eine andere Weise, mit unseren negativen Gefühlen umzugehen, ist die Deutung der Erfahrungen, die wir machen. Benedikt deutet die Schwierigkeiten unseres Lebens als Prüfung und Läuterung durch Gott. Wir sollen alles, was uns weh tut und uns zu überfordern scheint, im Licht des Psalmverses betrachten: „Gott, du hast uns geprüft und uns im Feuer geläutert, wie man Silber im Feuer läutert. Du hast uns in die Schlinge geraten lassen, hast drückende Last unserem Rücken aufgeladen" (Ps 66,10f.). Wenn ich mein Leiden als Prüfung und Läuterung verstehe, dann entdecke ich darin einen Sinn. Und weil es einen Sinn hat, kann ich es durchstehen. Leid wird erst durch die Sinnlosigkeit unerträglich. Sobald ich den Sinn entdecke, kann ich damit umgehen. Hier wird die Spiritualität von unten sichtbar. Gerade in meinen Schwierigkeiten und in den Problemen, die ich mit mir herumschleppe, begegne ich dem Gott, der an mir handelt und mich verwandelt. Die Methode der Deutung wendet Benedikt auch auf die negativen Erfahrungen mit Oberen an, die einen sehr bedrücken können. Wenn wir unter dem Oberen leiden, sollen wir uns damit aussöhnen, indem wir beten: „Du hast Menschen über unser Haupt gesetzt" (Ps 66,12).

Eine weitere Methode für den Umgang mit den Gefühlen zeigt Benedikt, wenn er uns auffordert, auf die negativen Erfahrungen richtig zu reagieren, indem wir handeln, wie es Jesus uns geboten hat. Auch das Handeln kann unsere Gefühle verwandeln. So rät Benedikt, dass wir uns bei Kränkung und ungerechter Behandlung so verhalten, wie es Jesus in der Bergpredigt von uns verlangt. Wenn wir „auf die eine Backe geschlagen, auch die andere hinhalten, um ein Hemd bestohlen, auch den Mantel lassen, gezwungen, eine Meile mitzugehen, zwei Meilen gehen" (Mt 5,39—41), dann wird uns das selber gut tun und es wird in uns positivere Gefühle hervorrufen. In der Demut erfüllen wir die Bergpredigt, da wachsen wir in den Geist Jesu hinein. Die Bergpredigt können wir aber nur leben aus der Gewissheit, dass wir Söhne und Töchter Gottes sind. Weil wir unser Recht in Gott und von Gott her haben, brauchen wir nicht darum zu kämpfen. Demut ist also nicht eine Selbsterniedrigung und Demütigung, sondern Ausdruck der Freiheit der Kinder Gottes, Ausdruck der göttlichen Würde. Sie gipfelt in der benedictio der maledicentes, in der Segnung derer, die uns verfolgen, im Gutsprechen über die, die von uns schlecht reden. Schon hier zeigt sich, dass die Demut nichts anderes ist als Einübung in die Liebe, wie sie Jesus in der Bergpredigt ausgelegt hat, und die in der Feindesliebe, im Beten für die Feinde, ihren Gipfel erreicht.

Die fünfte Stufe – das Aussprechen der Gedanken und Gefühle

Auf der fünften Stufe der Demut empfiehlt Benedikt, dass wir unsere Gedanken und Gefühle dem Abt offenbaren. Das Aussprechen der Gedanken, vor allem auch das Aussprechen unserer negativen Gefühle und unserer Schuld, ist im Mönchtum eine weit verbreitete Übung mit therapeutischer Wirkung. Solange wir unsere negativen Emotionen vor dem anderen verschließen, werden sie uns innerlich besetzen. Sie werden nicht nur unseren Verstand und unser Herz bestimmen, sondern auch unser Unbewusstes prägen. Und von daher werden sie destruktiv auf Leib und Seele wirken. Wenn ich meine Gefühle einem anderen sage, bekomme ich Abstand zu ihnen und kann besser mit ihnen umgehen. Und das Aussprechen wirkt befreiend und schafft Vertrauen: „Eröffne dem Herrn deinen Weg, und vertrau auf ihn!" (Ps 37,5). Ich spüre, dass die Gefühle sein dürfen, dass ich auch nicht anders bin als andere Menschen, dass es ganz normal ist, so zu fühlen. Und ich kann durch das Aussprechen erfahren, dass ich mit allem, was in mir ist, angenommen und geliebt werde. Darauf bezieht sich Benedikt, wenn er den Psalmvers zitiert: „Bekennt dem Herrn, denn er ist gütig, denn seine Huld währt ewig" (Ps 106,1; Ps 118,1). Es ist ein österlicher Psalm, den Benedikt hier zitiert. Es geschieht ein Stück Auferstehung, wenn wir es wagen, mit einem Bruder über unsere Gedanken zu sprechen und darin Gottes Güte und Huld (Zärtlichkeit, Erbarmen, Liebe) erfahren. Und wir erfahren Vergebung: „Gegen mich will ich dem Herrn meine Frevel bekennen. Und du hast mir die Schuld meines Herzens vergeben" (Ps 32,5). Wieder sind es lauter Psalmverse, mit denen Benedikt den Mönch einlädt, seine Gedanken zu offenbaren. Es ist der Geist der alttestamentlichen Armen, in den uns die Demut einführt, der Armen, denen Christus seine Frohe Botschaft verkündet.

Die Vätersprüche empfehlen immer wieder, unsere geheimsten Gedanken einem Altvater zu offenbaren, weil dadurch negative Gedanken ihre Macht verlieren. So sagt ein Altvater: „Wenn du von unreinen Gedanken geplagt wirst, verbirg sie nicht, sondern sage sie deinem geistlichen Vater und schelte sie aus. Denn in dem Maß, in dem man seine Gedanken verbirgt, vermehren sie sich und werden stärker. Ebenso wie eine Schlange, die aus ihrem Schlupfwinkel kriecht, sofort sich schnell davon macht, so zerstreut sich der geoffenbarte schlechte Gedanke sogleich. Und wie der Wurm im Holz, so verdirbt der schlechte Gedanke das Herz. Wer seine Gedanken offenbart, ist schnell geheilt, aber wer sie verbirgt, wird krank an Stolz." Ähnlich beschreibt es Cassian: „Sobald ein böser Gedanke geoffenbart ist, verliert er seine Kraft, und noch ehe das Urteil der Klugheit ausgesprochen ist, wird die scheußliche Schlange aus ihrem finstern unterirdischen Schlupfwinkel ans Licht hervorgezogen durch die Kraft deines Bekenntnisses und weicht überführt und mit Schande bedeckt von dannen. Denn so lange herrschen ihre schädlichen Einflüsterungen in uns, als sie im Herzen verborgen werden." Was wir zurückhalten, unterdrücken oder verdrängen, das wirkt destruktiv in unserem Innern. C. G. Jung meint, was wir in den Schatten verbannen, das wirkt vom Unbewussten her in negativer Weise auf uns ein. Sobald wir es ans Licht heben, verliert es seine destruktive Wirkung.

Wir können das Unbewusste ans Licht heben, indem wir es dem geistlichen Vater sagen. Wir können es aber auch in anderer Weise offenbaren. Wir können es malen oder aufschreiben, wir können es auch allein laut aussprechen, wir können es mit Ton gestalten oder austanzen. Entscheidend ist, dass das Innere nach außen kommt, dass wir es selbst anschauen und uns dann davon distanzieren können. Aber auch wenn wir es für uns alleine gestalten und formen, tut es uns gut, es dann einem andern zu zeigen, um mit ihm darüber zu sprechen. Das objektiviert auf eine tiefere Weise und kann uns daher wirksamer von der Macht destruktiver Gedanken und Gefühle befreien.

Die sechste Stufe – Versöhnung mit meiner Durchschnittlichkeit

Die sechste Stufe bezieht sich auf unsere Gefühle der Auflehnung und Unzufriedenheit mit der Durchschnittlichkeit und Banalität unseres Lebens. Jeder steht einmal im Laufe seines Lebens vor der Frage, ob das, was er tut und lebt, alles ist. Er entdeckt, dass das Leben alltäglich ist, banal, dass er mehr erwartet hat. Und dann stellt sich die Frage, ob ich an meinen Illusionen festhalte, die ich vom Leben habe, oder ob ich mich damit aussöhne, dass es so ist, wie es ist. Benedikt rät uns in dieser Situation, „mit dem Allermindesten und Letzten zufrieden" zu sein, einverstanden zu sein mit dem, was ich vorfinde, mich auszusöhnen mit der Banalität meines Lebens. Dabei kann die Meditation des Psalmverses helfen: „Zu nichts bin ich geworden und verstehe nichts; wie ein Lasttier bin ich vor dir und bin doch immer bei dir" (Ps 73,22f.). Manchmal erfahren wir unser

Leben als stumpfsinnig und drückend. Wenn wir uns damit aussöhnen, verwandelt sich unser Alltag. Wir resignieren nicht. Wir werden nicht bitter. Wir gehen durch die alltäglichen Konflikte, die uns manchmal so banal und kleinkariert erscheinen. So erfahren wir mitten in der Banalität Gottes heilende Gegenwart. Manchmal kann uns nur die Treue eines Lasttieres helfen, in der Härte unseres Lebens uns selbst nicht aufzugeben, sondern an Gott festzuhalten. In aller Mühsal vor ihm zu sein, das genügt, das verwandelt mein Leben, das schenkt mir ein Gefühl des Friedens und des Einverstandenseins mit allem, was ist. „Ich aber bleibe immer bei dir." Diese Psalmworte singen wir im Introitus von Ostern. Das Jasagen zur Banalität meines Lebens, zum Kreuz, das meine Illusionen von einem perfekten Leben durchkreuzt, führt zur Erfahrung der Auferstehung. Mitten im Alltag Auferstehung zu erfahren, das ist für Benedikt der Weg der Demut. Demut ist der Mut, ins Grab der Alltäglichkeit hinabzusteigen, um an der Hand Jesu aufzustehen und aufrecht durch das Leben zu gehen.

Die siebente Stufe – die Begegnung mit meinem Schatten

Auf den nächsten drei Stufen der Demut geht es um die Versöhnung mit der Realität, um die Annahme der Realität, wie sie ist, um die Begegnung mit der eigenen Wahrheit. Demut ist hier Mut zur Wahrheit. Das Thema der siebenten Stufe ist die Schattenbegegnung. Wenn ich meinem Schatten begegnet bin, all dem, was ich verdrängt habe, meinen mörderischen Tendenzen, meinem im Unbewussten herrschenden Sadismus und meiner Brutalität, dann kann ich wirklich aus tiefstem Herzensgrund glauben, dass ich der Letzte und Geringste unter allen bin. Das ist dann keine künstliche Verdemütigung, sondern die Erkenntnis meiner Wahrheit. Benedikt spricht von „intimo cordis affectu", von einer Erfahrung des Herzens und nicht von einem bloßen Lippenbekenntnis. Ich habe es gespürt, wozu ich fähig bin. Ich habe schmerzlich erfahren, wer ich bin. Auf Grund meiner schonungslosen Selbsterkenntnis kann ich nun mit dem Psalmisten sprechen: „Ich aber bin ein Wurm und kein Mensch, der Leute Spott, vom Volk verachtet" (Ps 22,7). Es sind die Worte, die Jesus am Kreuz sagt. Hilflos am Kreuz hängend erfährt er, was der Mensch ist. Am Kreuz erlebt Jesus, wozu ihn die Menschen machen. Sie verachten und verspotten ihn. Er kommt sich vor wie der letzte Dreck. Auch diese Erfahrungen werden wir auf unserem inneren Weg machen. In der Gemeinschaft werden wir erfahren, dass wir nicht ernst genommen werden. Die Gesellschaft wird uns verachten, wenn wir ihren Maßstäben nicht entsprechen. Heute gerät man schnell in die Mühlen der Medien. Dann bleibt nichts mehr geachtet. Alles wird in den Dreck gezogen. In solchen Situationen – so meint es der Demutsweg Benedikts – ist es Zeichen geistlicher Reife, nicht zu resignieren, sondern Ja zu sagen und sich entblößen zu lassen von allem, was einem heilig ist, von den eigenen Illusionen, aber auch von der Achtung, die andere einem entgegen bringen. Ob ich Christus nachfolge, das kann sich gerade in der Bereitschaft zeigen, mir alles nehmen zu lassen, so wie Jesus am Kreuz alles genommen wurde, nicht nur sein Erfolg, sondern auch sein guter Ruf.

Wären diese Worte ein Trick, mich vor den Menschen klein zu machen, dann hinderten sie mich daran, innerlich weiter zu kommen. Ich würde mir und den anderen etwas vormachen. Ich kann diesen Vers nur ehrlich sagen, wenn ich mich so erfahren habe, wenn ich mir von meinen Träumen habe zeigen lassen, was in meinem Unbewussten schlummert, wenn ich vor Gott alles angeschaut habe, was in der Stille in mir auftaucht. Es ist keine künstliche Selbsterniedrigung, sondern der Mut zur Wahrheit, der mir einen tiefen inneren Frieden schenkt. Das kommt in dem anderen Psalmvers zum Ausdruck, den mir Benedikt zur Meditation empfiehlt: „Gut war es für mich, dass du mich erniedrigt hast; so lerne ich deine Gebote" (Ps 119, 71.73). „Gottes Gebote lernen" meint in der Sprache des Alten Testaments: in den Geist Gottes hineinwachsen, mit Gott eins werden, Gottes Willen erkennen. Gerade indem das Leben mich beugt, indem es mir Wunden schlägt, öffnet es mich für Gott. In diesem Psalmvers begegnen wir auf klassische Weise der Spiritualität von unten. Die Erfahrung meiner Ohnmacht, meiner Wunden, meiner Berührung mit der Erde (humiliasti me), mit meiner Erdhaftigkeit und Menschlichkeit, wird zur Erfahrung Gottes. Ich spüre, dass es mir gut tut, wenn Gott mich auf meine eigene Wahrheit hinweist, wenn ich meiner eigenen Schwäche, meiner eigenen Schuld begegne. Das ist die Voraussetzung, dass ich Gott verstehen kann. Die ehrliche Selbstbegegnung ist die Bedingung für die Begegnung mit Gott. Sonst bliebe mein Sprechen von Gott bloß äußerlich. Ich würde Gott nur vom Hörensagen kennen. Jetzt aber kann ich wirklich lernen, wer dieser Gott ist, dass er mich annimmt, wie ich bin, dass er mich aufrichtet aus meiner Schwachheit. Jetzt kann ich seine Zusage erst in ihrer ganzen Bedeutung verstehen: „Weil du in meinen Augen teuer und wertvoll bist und weil ich dich liebe, gebe ich für dich ganze Länder und für dein Leben ganze Völker" (Jes 43,4). Für Augustinus besteht die Demut in der Selbsterkenntnis, die uns aber zugleich das Geheimnis Gottes erahnen lässt: „Gott ist Mensch geworden, du o Mensch, erkenne, dass du Mensch bist! Deine ganze humilitas besteht darin, dass du dich erkennst" (Schaffner 224).

Die achte Stufe – Sich-Einlassen auf die Realität

Auf der achten Stufe fordert Benedikt uns auf, dass wir uns auf ein vorgegebenes Lebenskonzept einlassen. Wir sollen darauf verzichten, uns selbst interessant zu machen, indem wir die vorgegebene Regel immer wieder verlassen, indem wir immer wieder eigene Ideen zur Geltung bringen. Das scheint auf den ersten Blick eine Beschneidung menschlicher Kreativität zu sein. Doch die Beschränkung auf das vorgegebene Konzept kann mich mit der eigenen Wirklichkeit konfrontieren und sie mehr und mehr verwandeln. Sie zeigt mir, dass nicht das Verändern der vorgegebenen Regel mein innerstes Selbst ausdrückt, sondern dass ich gerade durch das Mich-Einlassen auf die Regel in Berührung komme mit meiner ursprünglichen Identität, mit meinem innersten Wesen. Ich verzichte darauf, die Regel von meinen Maßstäben her zu beurteilen. Denn dann könnte ich nie die Erfahrung machen, zu der sie mich führen möchte. Ich werde sie immer nur von außen betrachten und nicht von innen her schmecken. Die achte Stufe lädt mich dazu ein, mich ohne Vorbehalte auf die Regel einzulassen, damit sie mich mehr und mehr verwandelt.

Der Verzicht auf exzentrisches Verhalten führt nicht zur Nivellierung, zum Einheitsmönch. Vielmehr ist es ein Weg, von falschen Bildern des Ego frei zu werden, um hinter dem Ego das wahre Selbst zu entdecken. So sieht es ein Väterspruch: „Ein Bruder fragte Abt Mathois und sprach: Wenn ich hingehe und an einem bestimmten Ort bleibe: wie soll ich mich dort verhalten? Der Ältere antwortete: Wo immer du wohnen wirst, versuche nicht, dort irgendwie aufzufallen und dir einen Namen zu machen, indem du etwa erklärst: Ich komme nicht in diese Versammlung der Brüder! Oder: Ich esse dies oder jenes nicht! Damit kannst du dir nur einen Pseudo-Namen machen. Nachher wirst du darunter leiden. Wenn die Leute von etwas so Ungewöhnlichem hören, rennen sie nämlich hin" (Holzherr 132).

Die achte Stufe möchte mich also davor schützen, mir nur einen Pseudo-Namen zu machen, nur aufzufallen und dabei meinen wirklichen Kern zu verfehlen. Ich verzichte auf zwanghafte Selbstbestätigung. So werde ich wirklich frei. Henri Nouwen hat bei seinem Aufenthalt im Trappistenkloster die Erfahrung gemacht, in die die achte Demutsstufe einführen möchte. Er schreibt davon, dass er immer etwas Besonderes sein wollte. Wenn er schrieb, wollte er den gewohnten Worten immer etwas Eigenes hinzufügen, damit die Menschen aufmerksam werden. Er wollte irgendwie ein Star werden. In der Gleichförmigkeit des benediktinischen Alltags erkennt er, dass er in der Gleichheit seine eigene Einmaligkeit entdecken kann. „Diese Einmaligkeit hat nichts zu tun mit den ‚Besonderheiten‘, die wir normalerweise anbieten möchten und die wie die künstlichen Silberkugeln an einem Weihnachtsbaum glitzern, sondern sie stammt vollständig aus unserer zutiefst personalen und intimen Beziehung zu Gott" (Nouwen, 78).

Es geht dabei nicht darum, mein innerstes Selbst zu verleugnen. Das darf ich niemals. Ich versuche vielmehr, mein eigentliches Selbst zu entdecken, indem ich darauf verzichte, mein Ego ständig in den Mittelpunkt zu stellen und mich vor anderen zu produzieren. Im Verzicht auf die eigenen Besonderheiten „entsteht ein Raum, in dem wir unserem Gott begegnen, der uns bei unserem Namen ruft und uns einlädt, ihm in einer letzten Tiefe nahe zu kommen" (ebd.). Es ist offensichtlich eine entscheidende Übung auf meinem Reifungsweg, für lange Zeit darauf zu verzichten, alles anders zu machen als die andern. Ich verzichte darauf, mich nur durch äußeres Tun von den anderen zu unterscheiden. Wenn alles nach außen hin gleich ist, dann werde ich meinen innersten Kern entdecken, in dem ich ganz einmalig bin, von Gott mit meinem Namen gerufen.

Die neunte Stufe – die Konfrontation mit meiner Wahrheit

Das Schweigen, das die neunte Demutsstufe ausmacht, will die Konfrontation mit unserer innersten Wahrheit weiterführen. Wie ich mich durch meine eigenen Gewohnheiten interessant machen kann, mit denen ich die Regel übertrete, so kann ich mich auch durch mein Reden in den Mittelpunkt stellen. Das viele Reden bewahrt mich davor, mit mir selbst in Berührung zu kommen. Ich kann im Reden vor mir davonlaufen. Weil ich mich selbst nicht aushalten kann, muss ich reden. Im Reden aber kann ich kaum der Sünde entgehen, da werde ich immer wieder der Gefahr erliegen, mich in den Mittelpunkt zu stellen, mich besser darzustellen, als ich bin, zu übertreiben und mich interessant zu machen. Das hat Henri Nouwen erfahren, als er bei seinem Aufenthalt im Trappistenkloster Genessee einen Abstecher nach New Haven machte: „Mit dem Schwinden des Schweigens entwickelte sich eine Art Gefühl der inneren Verschmutzung. Am Anfang wusste ich nicht, warum ich mich irgendwie schmutzig, staubig und unrein fühlte, aber mit der Zeit dämmerte mir, dass der Mangel an Schweigen der Hauptgrund dafür gewesen sein muss. Mir kommt zu Bewusstsein, dass mit den Worten zweideutige Gefühle in mein Leben eindringen. Es scheint fast unmöglich zu sein, zu sprechen, ohne dabei zu sündigen. Noch bei der anspruchsvollsten Diskussion schleicht sich etwas ein, das die Atmosphäre zu verschmutzen scheint" (ebd., 159).

„Der Schwätzer hat keine Richtung auf Erden" (Ps 140,12). Wer viel redet, weicht oft seiner innersten Wahrheit aus. Er redet, um sich selbst zu meiden. Solange seine Zunge geht, braucht er sich nicht mit seiner innersten Einsamkeit auseinander zu setzen. Das hindert ihn jedoch daran, seinen eigenen Weg zu erkennen. Er läuft richtungslos herum. Das Schweigen ist für die Mönche ein entscheidender Weg, sich selbst und Gott zu begegnen. Im Schweigen begegnen wir unserer Bedürftigkeit und Verwundbarkeit. Und wir entdecken unsere tiefste Sehnsucht, uns selbst loszulassen, um mit Gott eins zu werden.

Die zehnte Stufe – die Verleiblichung der Demut im Lachen

Die drei letzten Stufen der Demut beschreiben die Verleiblichung der Selbstbegegnung und der Gotteserfahrung. Wenn ich meinen Gefühlen und meinem Schatten begegnet bin und wenn ich alles, was in mir auftaucht, auf Gott beziehe, dann drückt sich das auch in meinem Leib aus. Mein Leib zeigt, ob ich für Gott durchlässig bin oder ob ich mich nur selbst darstelle. Graf Dürckheim spricht immer wieder von der Durchlässigkeit des Leibes für Gott, für die Transzendenz. An meiner Leibhaltung kann man erkennen, ob ich an mir selbst festhalte, mich verkrampfe in meinem kleinen Ich, oder ob ich zum Selbst vorgedrungen bin, ob ich für Gott transparent geworden bin. Es geht um die Frage, was ein Mensch ausstrahlt: Gott oder seine eigene Enge.

Die zehnte Stufe besteht darin, nicht leicht und über alles zu lachen. Benedikt verbietet sicher nicht das Lachen. Aber es gibt offensichtlich ein lautes Lachen, das den Tor verrät, wie Jesus Sirach sagt: „Der Tor bricht in schallendes Gelächter aus" (Sir 21,20). Manchmal erschrickt man vor dem Lachen eines Menschen. Man hat das Gefühl, dass etwas bei diesem Menschen nicht stimmen kann. Wie die Stimme den inneren Seelenzustand verrät, so auch das Lachen. Bei dem einen verrät das Lachen eine innere Zerrissenheit, eine seelische Krankheit, beim andern ist es ein Verlegenheitslachen oder ein Lachen, mit dem man etwas überspielen möchte, oder ein spöttisches Lachen, mit dem er lächerlich macht und verletzt. Benedikt geht es nun nicht darum, von außen her das Lachen zu verbieten, sondern um das Gespür, was einer in seinem Lachen ausdrückt. Wenn einer sich selbst begegnet ist, dann hat er Humor, dann lacht er gerne, aber er hat kein unangenehmes Lachen. Vielleicht hat er ein ansteckendes fröhliches Lachen, ein Lachen, das aus dem Bauch kommt. Es reißt andere mit und erfüllt sie mit Freude.

Lachen kann Ausdruck von innerer Freiheit sein und von innerer Überlegenheit über die Situation oder über Menschen. Vermutlich verurteilt Benedikt hier nicht das Lachen der Erlösten und Befreiten, sondern das Lachen des Toren, wie er es im Schriftwort andeutet. Für den, der seiner inneren Wirklichkeit begegnet ist, ziemt sich nicht das Lachen der Dummheit, das sich über alles stellt und doch oft nur Ausdruck von Verzweiflung ist.

Das Verbot des Lachens war im Mönchtum weit verbreitet. Man begründet es damit, dass Jesus auch nicht gelacht habe. Aber das ist offensichtlich nur die nachträgliche Begründung der Erfahrung, dass es ein Lachen gibt, das einen innerlich zerreißt und das in Gegensatz steht zur Erfahrung Gottes und zur Erfahrung des inneren Friedens. Und es entspringt dem Wissen, dass die Gotteserfahrung sich auch im Leib ausdrückt, im Reden und im Lachen. Und es gibt eine Art von Lachen, die Gotteserfahrung ausschließt oder aber unterdrückt. Umgekehrt gibt es auch eine Form der Askese, das grimmige und düstere Gesicht, das der Erfahrung Gottes als Vater widerspricht. So hat es jedenfalls Jesus gepredigt, wenn er die finsteren Mienen der Pharisäer beim Fasten geißelt und uns dazu einlädt, unser Gesicht zu waschen und unser Haar zu salben. Clemens von Alexandrien hat in seinem Buch „Paidagogos" eine Ethik des Lachens entwickelt. Lachen ist typisches Zeichen für den Menschen, für Origenes ist es „Ausdruck der Freude und Heiterkeit" und für Gregor von Nyssa „Zeichen der inneren Fröhlichkeit". Darin lehnt er nur das Possen- und Zotenreißen ab, weil dadurch der „innere Mensch, der Logos des Menschen, lahmgelegt, die Leidenschaften aber geweckt" werden (Steidle, Beiträge, 30 ff.). Das Ziel des geistlichen Weges ist im Mönchtum die Heiterkeit (hilaritas). Die innere Freude ist Kriterium für einen geistlichen Menschen. Humorlosigkeit ist immer Mangel an Spiritualität. Benedikt will uns mit der zehnten Demutsstufe darauf aufmerksam machen, dass sich unsere Selbsterfahrung und Gotteserfahrung auch im Leib ausdrücken. Es gibt die Heiterkeit und Freude, die auch lachend andere von ihrem Kreisen um sich selbst befreien. Aber es gibt auch das Gelächter, das andere Menschen auslacht, mit dem wir uns selbst in den Mittelpunkt stellen und das uns aus der Beziehung zu uns selbst und zu Gott herausreißt.

Die elfte Stufe – die Verleiblichung der Demut im Sprechen

Die elfte Stufe betrifft das Sprechen. Wenn wir sprechen, sprechen wir immer uns selbst aus. Wie es in unserem Herzen aussieht, das erkennt man an unserer Stimme. In der Stimme können wir uns nicht verstellen. Da zeigt sich, ob es mit uns stimmt, ob wir innerlich stimmig sind, übereinstimmen mit unserem Herzen. Es gibt eine polternde Stimme, die auf innere Brutalität schließen lässt. Diese polternde Stimme hat Benedikt im Blick, wenn er das laut schreiende Sprechen als unziemlich für den Mönch beschreibt. Wer schreit, zeigt, dass er wenig sensibel ist für die Menschen und auch für Gott. Wer Gott erfahren hat und wer sich selbst begegnet ist, der wird das auch in seiner Stimme ausdrücken. Und diese Stimme wird nach Benedikt „leniter" und „humiliter cum gravitate" sein, ruhig, heiter, bescheiden und mit dem Gespür für Gottes Gegenwart (= gravitas). Eine schrille Stimme zeigt, dass der Sprecher in sich zerrissen ist. Wenn einer zu sanft redet, dann unterdrückt er seine Aggressionen. Wenn einer monoton spricht, ist es ein Zeichen für seine verdrängte Sexualität oder für seine depressive Seele. Oft genug klingt die Stimme flach, ohne Beziehung zum Leib, ohne humilitas, ohne Erdberührung. Anderen spürt man ihre Verkrampfung an, wenn sie nur den Mund auftun. Benedikt hat offensichtlich ein Gespür, wie eine Stimme klingt, die inneren Frieden und Begegnung mit Gott ausdrückt.

Nicht nur die Stimme verrät uns, sondern auch die Worte, die wir machen. Manche müssen auf alles mit einem Schwall von Worten antworten, sie überfallen einen mit ihrem Redeschwall. Benedikt hat kurze, überlegte Worte im Sinn. Sie verraten den Weisen: „Den Weisen erkennt man daran, dass er nicht viele Worte macht" (Sir 20,5.7). Auch hier geht es nicht darum, eine äußere Regel für das Reden aufzustellen, an die sich der Mönch halten muss. Es geht vielmehr um das Gespür dafür, was wir mit unseren Worten ausdrücken, ob wir da nur über uns und unsere innere Unruhe reden, über unseren Ärger und über unsere Wünsche und Bedürfnisse, oder ob in unseren Worten etwas vom Wort Gottes selbst hörbar wird.

In meiner Studentenzeit traten immer wieder Vertreter linker Studentengruppen an das Mikrofon und brüllten ihre Parolen hinein. Ihre Absicht war oft gut. Sie wollten Frieden, Ehrlichkeit, Offenheit, Gerechtigkeit. Aber ihre Stimme klang so schrill, dass man sofort spürte, dass von ihnen kein Friede ausgehen könne, weil sie innerlich zerrissen und unzufrieden waren. Und auch im Raum der Kirche gibt es solche Menschen, die ständig von Gott reden, deren Stimme aber das Gegenteil ausdrückt, deren Stimme Härte, Verschlossenheit, Zerrissenheit, Unglaube und Angst, verdrängte Aggression und Sexualität verrät. In den siebziger Jahren hörte ich öfter Vorträge von Graf Dürckheim. Wenn man Dürckheim schon ein paar Mal bei seinen Vorträgen erlebt hatte, wusste man ungefähr, was er sagte. Da kam nicht viel Neues. Aber trotzdem fühlte man sich nach dem Vortrag innerlich aufgeräumt. Offensichtlich ging von diesen Worten etwas Heilendes, Befreiendes, Läuterndes aus. Jesus hat offensichtlich auch so gesprochen, dass sich die Jünger durch sein Wort „rein", lauter, in Einklang mit ihrem innersten Kern fühlten. „Ihr seid schon rein durch das Wort, das ich zu euch gesagt habe" (Joh 15,3). Der Mönch soll so sprechen, dass sich sein Gegenüber angenommen fühlt, dass er etwas von Gott (gravitas meint immer die Nähe Gottes) erspürt, dass der Himmel über ihm aufgeht und er die Ruhe und Milde (leniter) erfährt.

Die zwölfte Stufe –
die Verleiblichung der Demut in der Körperhaltung

Die zwölfte Stufe bezieht sich auf die Körperhaltung. Mit unserem Leib drücken wir unsere Selbsterfahrung aus, da zeigen wir, ob wir Angst haben, an uns selbst festhalten, etwas in uns abschneiden und verdrängen oder aber ob wir einen inneren Halt haben und in Berührung mit Gott sind. Wenn ein Mensch ständig seine Schultern hochhält, drückt er Angst aus. Wenn er seine Brust betont, hält er an seinem kleinen Ich fest, mit dem er imponieren möchte. Es gibt eine Haltung, die Durchlässigkeit, Gelassenheit und Vertrauen in Gottes Nähe ausdrückt. Für Graf Dürckheim ist es die aufrechte Haltung, die dieses Durchlässigsein verrät. Benedikt denkt dagegen an eine gebeugte Haltung. Das hat viel Protest hervorgerufen. Es erinnert an die bucklige Demut, die sich nach außen hin klein macht. Doch das ist sicher nicht gemeint. Es gibt eine aufrechte Haltung, die „hochnäsig" ist, die auf andere herabschaut. Und es gibt eine Haltung, die den andern sein lässt, wie er ist. Welche Haltung Benedikt meint, das zeigt er an zwei Beispielen.

Das erste Beispiel ist Jesus selbst. Das „inclinato capite" erinnert an das geneigte Haupt Jesu am Kreuz. Nachdem Jesus sein letztes Wort gesagt hat, „Es ist vollbracht", heißt es: „Und er neigte das Haupt und gab seinen Geist auf" (Joh 19,30). Die Demut soll den Mönch also in die Haltung Jesu hinein führen, der am Kreuz das Werk seiner Liebe vollendet und sich und seinen Geist uns Menschen übergibt. Im Lateinischen heißt es: „tradidit spiritum". Jesus hat uns seinen Geist der Liebe übergeben, überliefert. So soll der Mönch aus dem gleichen Geist der Hingabe leben. Seine Hingabe vollendet sich in dem geneigten Haupt, in dem er Jesus ähnlich wird. Das geneigte Haupt ist Ausdruck der Liebe. Es eröffnet für die Menschen um einen herum einen Raum der Liebe. Und es ist Jasagen zu dem, was ist, auch zur letzten Wirklichkeit des Todes. Im Tod vollendet sich die Hingabe Jesu. Im geneigten Haupt übt sich der Mönch ein in die Liebe, mit der Jesus uns Menschen bis zur Vollendung geliebt hat.

Das zweite biblische Beispiel, das Benedikt zur Begründung des geneigten Hauptes heranzieht, ist der Zöllner, von dem uns Lukas berichtet. Während der Pharisäer sich vor Gott hinstellt und zu sich selbst mit vielen Worten betet, steht der Zöllner abseits und wagt nicht, seine Augen zu erheben. Er schlägt sich an die Brust und betet: „Gott sei mir Sünder gnädig!" (Lk 18,13). Der Phariäser betet nur zu sich selbst. Aber er ist nicht in Berührung mit sich. Er kreist um sich. Er benutzt Gott, um sich vor anderen gut darzustellen. Der Zöllner ist bei sich. Das Schlagen an die Brust drückt aus, dass er mit seinem Herzen in Berührung ist. Weil er mit sich in Berührung ist, geht ihm auch das Geheimnis Gottes auf. Er drückt in seiner Haltung die Ehrfurcht vor dem ganz anderen Gott aus. Er benutzt Gott nicht für sich, sondern hält sich so, wie er ist, Gott hin. Er geht gerechtfertigt nach Hause. Er hat sich selbst und Gott richtig gesehen und ist vor Gott gerecht gemacht, aufgerichtet worden. Benedikt weiß, dass der Mönch sein Gebet dazu missbrauchen kann, um sich über andere Menschen zu stellen. So warnt er ihn in der zwölften Demutsstufe vor der Gefährdung seines Betens. Und zugleich beschreibt Benedikt darin die Vollendung des Betens, wie sie im Gebet Jesu am Kreuz und im Beten des Zöllners zum Ausdruck kommt. Demut ist also der Weg in ein immer reineres und vollkommeneres Beten, in das Beten mit lauterem Herzen.

Das Ziel des inneren Weges ist die vollkommene Liebe, die alle Furcht vertreibt. Der Weg der Demut führt über die Erniedrigung zur Liebe Gottes, die uns erhöht und an sich zieht. Benedikt beschreibt das Ende des Demutsweges mit ähnlichen Worten wie Cassian: „Wenn du sie (die Demut) in Wahrheit besitzest, wird sie dich sogleich eine Stufe höher führen, zur Liebe, die keine Furcht enthält. Dann wirst du alles, was du zuvor nicht ohne Furcht vor Strafe beobachtest, ohne jede Mühe, wie natürlich zu befolgen beginnen, nicht mehr im Hinblick auf die Strafe oder irgendwelche Furcht, sondern aus Liebe zum Guten als solchem und aus Freude an den Tugenden" (Cassian 49). Die Liebe ist für Cassian das Ziel des geistlichen Weges und die Frucht der puritas cordis, der Reinheit des Herzens. Evagrius setzt die Liebe identisch mit der apatheia, mit der Freiheit von der Herrschaft der Leidenschaften, mit dem Zustand, in dem die Leidenschaften mit unserem Herzen in Einklang sind. Das Ziel der Demut ist also ein geistliches und nicht ein moralisches. Es geht nicht um eine Tugend, sondern es geht um die Befähigung zur Kontemplation, um das reine Gebet, in dem wir mit Gott eins werden dürfen. Wenn die zwölf Stufen uns für Gott geöffnet haben, dann verliert unser Leben alle Mühe, dann kommen wir mit unserer wahren Natur in Berührung. Der geistliche Weg entspricht dann unserem innersten Wesen. Wir gehen diesen Weg „gleichsam natürlich" (velut naturaliter) (RB 7,68). Die Demut hat uns durch die Begegnung mit der eigenen Wirklichkeit mit unserer von Gott geschaffenen Natur in Berührung gebracht, die in sich gut ist. Wenn wir mit unserem wahren Wesen in Berührung sind, dann gehen wir von selbst den Weg zu Gott. Dann braucht es keine Gebote mehr und keinen Druck von außen.

Den spirituellen Weg wird der verwandelte Mönch gehen „nicht mehr aus Furcht vor der Hölle, sondern aus Liebe zu

Christus, aus guter Gewohnheit und aus Freude an der Tugend" (RB 7,69). In der Demut sind wir hinabgestiegen in die Hölle unserer Seele. So haben wir alle Angst vor der ewigen Hölle verloren. Wir haben Christus selbst in den Abgründen unserer Seele entdeckt. Er hat die innere Hölle mit seiner Liebe durchdrungen und verwandelt. Benedikt spricht hier von der „amor Christi". Es ist die erosgetränkte Liebe, eine leidenschaftliche Liebe, die aus der Kraft des Begehrens gespeist wird. Amor beschreibt die Liebe zwischen Verliebten. Diese Liebe treibt den Mönch, den spirituellen Weg zu gehen. Ein anderer Antrieb für den Mönch ist die Freude an der Tugend, das Ergötzen an der Kraft, die ihm durch den Heiligen Geist zuwächst. Der geistliche Weg ist also kein harter, ernster und anstrengender Weg, sondern er führt in die Weite, in die Freude und in die Liebe. Er führt uns durch das Hinabsteigen in die eigene Wahrheit zu einer neuen Freiheit und Lebendigkeit.

Zwölf Stufen, vier mal drei Schritte führen zur Vollendung des Menschen, zu seiner menschlichen Reife und zu seiner Offenheit für Gott. Es geht bei diesen Stufen nicht nur um die Haltung der Demut, sondern um den geistlichen Weg des Mönches schlechthin. Was Benedikt hier unter dem Begriff der Demut zusammenfasst, das sind Grundhaltungen und Grunderfahrungen des Menschen, der sich auf die Suche nach Gott macht. Nicht umsonst ist das siebente Kapitel das längste der Regel. Es ist die Zusammenfassung der geistlichen Lehre Benedikts. Die Siebenzahl weist ebenso auf die Vollendung hin wie die Zwölfzahl der Stufen. Das Kapitel darf daher nicht allein auf die Tugend der Demut reduziert werden, es muss vielmehr im Licht der geistlichen Lehre Cassians und seines Lehrers, Evagrius Ponticus, gesehen werden. Nur dann kann uns der Reichtum geistlicher Erfahrung aufgehen, der in diesem Kapitel steckt. Benedikt beschreibt den Reifungsweg des Mönches, der zu sich selbst findet, der gelernt hat, mit seinen Gefühlen umzugehen, der in allem auf Gott bezogen ist und der auch zur Realität seines Lebens das rechte Verhältnis hat. Und er beschreibt das Aussehen eines Mönches, bei dem der Leib schon die Erfahrung Gottes und den Zustand der Reife ausdrückt. Es ist ein Weg zum Leben, zum Einswerden mit Gott, zur Freiheit in und durch Gott und zur Liebe, die der Heilige Geist selbst in uns bewirkt.

Die Demut ist im frühen Mönchtum nicht nur das Gefühl der Niedrigkeit und Erdhaftigkeit, sondern sie ist eng gekoppelt mit der Sanftmut. Im Griechischen heißt demütig tapeinos, häufig wird aber auch das Wort prays mit demütig übersetzt. Prays ist aber zugleich Güte, Sanftmut. Für Evagrius Ponticus ist Sanftmut das Kennzeichen des geistlichen Vaters. Sanftmut meint die Milde im Blick auf uns selbst und auf andere, Barmherzigkeit mit eigenen und fremden Fehlern und Schwächen. In der Sanftmut eines Menschen zeigt sich, dass seine demütige Selbsterkenntnis ihn in seinem Herzen verwandelt hat. Das Neue Testament versteht die Demut nicht nur als Verhalten Gott gegenüber, sondern auch gegenüber den Menschen. Daher wird Demut zusammen gesehen mit Sanftmut, Milde, Großherzigkeit (praotes, epieikeia, anexikakia, makrothymia). Der Demütige verachtet den Bruder und die Schwester nicht, sondern sieht in ihnen Christus. Daher gehört zur Demut die Ehrfurcht vor dem Geheimnis des anderen und das große Herz, in dem auch der Bruder und die Schwester Raum haben. Wer seiner eigenen Menschlichkeit begegnet ist, dem ist nichts Menschliches mehr fremd. Er ist ausgesöhnt mit allem Menschlichen, das ihm begegnet, gerade auch mit dem Schwachen und Kranken, mit dem Unvollkommenen und Gescheiterten. Er sieht alles umfangen vom milden Blick Gottes, von der barmherzigen Sicht Jesu. Und so kann er nicht anders als selbst barmherzig und milde auf alles zu sehen, was ihm in seiner eigenen Seele und was ihm in den Menschen begegnet. Die

Sanftmut ist keine Haltung, die von seinem Charakter herströmt, sie ist nicht Ausdruck mangelnder Aggression, sondern letztlich Ausdruck des Glaubens an den barmherzigen Gott, der seinen Sohn Jesus Christus hinabsteigen ließ in die Wirklichkeit dieser Erde. Jesus Christus hat alles Menschliche angenommen und so erlöst. Er hat in seiner Menschheit alle unsere Schwächen und Menschlichkeiten mit hinaufgenommen in den Himmel. Weil er hinabgestiegen ist in die Tiefen der Erde, deshalb ist er auch hinaufgestiegen in den Himmel. Und so hat er auch uns den Weg gewiesen. Wir können nicht aufsteigen in den Himmel, wenn wir nicht bereit sind, mit Christus hinabzusteigen in den humus, in die Erdhaftigkeit, in das Dunkel, in das Unbewusste, in unsere menschliche Schwachheit. Das Paradox des geistlichen Aufstiegs, das Benedikt an den Beginn seines Demutkapitels gesetzt hat, ist auch das Paradox jedes spirituellen Weges. Wir steigen auf zu Gott, indem wir hinabsteigen in unser Menschsein. Das ist der Weg der Freiheit, das ist der Weg der Liebe und der Demut, der Sanftmut und der Barmherzigkeit, der Weg Jesu auch für uns.

2. Der Weg des Gebets

In der liturgischen Bewegung standen die Benediktiner im Ruf, Spezialisten für die Liturgie und für das gemeinsame Stundengebet zu sein. Doch das war eine zu einseitige Interpretation des benediktinischen Gebetsweges. Benedikt beschreibt zwar ausführlich die Einteilung der Psalmen in den sieben Gebetszeiten, in denen die Mönche zusammenkommen, um Gott zu loben. Doch der Sinn des gemeinsamen Gebetes wird erst deutlich, wenn man Benedikts Ausführungen von der Tradition des frühen Mönchtums her sieht. Das wichtigste Anliegen des Mönchtums war das unablässige Gebet. Die Forderung des

Apostels Paulus „Betet ohne Unterlass" wollten die Mönche verwirklichen, indem sie nicht nur zu bestimmten Zeiten beteten, sondern ihr ganzes Leben zum Gebet machten. Origenes erklärt das so, dass die Hände, die wir im Gebet zu Gott erheben sollen, auch unsere Taten sind. „Es erhebt seine Hände empor, wer seine Werke von der Erde emporhebt, und während er noch auf Erden wandert, ist sein Wandel schon im Himmel" (Holzherr 152).

Benedikt zählt vom 8. bis 18. Kapitel nüchtern auf, welche Psalmen in den einzelnen Gebetszeiten zu singen sind. Da vermisst man eine tiefere Theologie des Stundengebetes. Nur im 16. Kapitel klingt eine kurze theologische Begründung des gemeinsamen Chorgebetes auf. Da begründet Benedikt das siebenmalige Stundengebet während des Tages mit dem Psalmvers: „Siebenmal am Tag singe ich dein Lob" (Ps 119,164). Und für die nächtlichen Nachtwachen zitiert er den anderen Vers: „Um Mitternacht stehe ich auf, um dich zu preisen" (Ps 119,62). Die Mönche erfüllen also in ihrem gemeinsamen Gebet, was die Schrift als Zeichen echter Frömmigkeit beschreibt. Ihr Beten ist schriftgemäß. Und dann entfaltet Benedikt eine Theologie des Stundengebetes in einem einzigen Satz: „Zu diesen Zeiten also bringen wir unserem Schöpfer Lob dar, wegen seiner gerechten Entscheide" (RB 16,5). Das gemeinsame Stundengebet ist Lob des Schöpfers. Es ist zweckfreies Tun. Es ist nicht in erster Linie Fürbitte, sondern Lob. Im Loben schaut der Mönch von sich und seinen Problemen weg und richtet seinen Blick auf Gott, und zwar auf den Schöpfer. Gott ist nicht in erster Linie der Erlöser, sondern der Schöpfer. In der Liturgie soll die Schönheit der Schöpfung gepriesen werden. Das geschieht dann, wenn die Schönheit auch in der Gestaltung des Gottesdienstes, im Gesang, in den Gebärden, in den Riten zum Ausdruck kommt. Gott steht im Mittelpunkt des Chorgebetes. Es geht nicht um die Frage, wie es dem Mönch dabei geht, sondern dass Gott gebührend gepriesen wird. Das verlangt ein Aufgeben des ständigen Kreisens um sich selbst. Der geistliche Weg ist kein narzisstischer Weg, auf dem der Mönch immer nur sich selbst begegnet, sondern ein Weg des Freiwerdens von sich selbst. Benedikt übernimmt hier die theologische Einsicht des Alten Testaments, dass Leben aus dem Loben kommt, dass nur derjenige wahrhaft zu leben versteht, der über sich hinaus sieht, der über Gottes Schönheit zu staunen vermag und sie gebührend lobt.

Der zweite Grund des Chorgebetes ist, dass wir Gott loben „wegen seiner gerechten Entscheide". Hier kommt nun neben der Schöpfung das konkrete Leben des Mönches, ja der ganzen Menschheit, in den Blick. Was Gott über uns verfügt, sei es Erfolg, Wohlergehen und Frieden, sei es Krankheit, Unglück, Not, das ist gerecht, das ist richtig. Der Mönch akzeptiert in seinem Beten das Leben so, wie es ist. Er weicht den Problemen des Alltags nicht aus, sondern trägt sie im Stundengebet vor Gott. Er sieht in den täglichen Konflikten und Auseinandersetzungen eine spirituelle Herausforderung. Gott selbst mutet ihm zu, was ihn täglich anspringt. Das heißt nicht, dass er sich sofort mit allem einverstanden erklärt. Die Psalmen ringen ja oft genug mit Gott. Sie klagen ihn an, wenn er das Unglück nicht abwendet, wenn er es den Bösen gut und den Frommen schlecht gehen lässt. Aber der Psalmenbeter erklärt sich am Ende seines Kämpfens immer einverstanden mit Gott. Er ergibt sich in den Willen Gottes. Das Chorgebet soll den Mönch immer mehr in den Einklang mit sich und seinem Leben führen, damit er in allem Gottes gerechte Entscheide zu erkennen vermag.

Im 19. Kapitel beschreibt Benedikt die spirituelle Dimension des Chorgebetes. Er nennt sie die „disciplina psallendi = die Haltung beim Psalmensingen". Die Grundvoraussetzung beim gemeinsamen Stundengebet ist das Wissen um die Gegenwart Gottes. Das Gebet geschieht vor den Augen Gottes. Der Mönch soll in allem ganz und gar auf Gott ausgerichtet sein. Das Beten bringt ihn in Beziehung zu Gott und lässt diese Beziehung lebendig werden. Und dann gibt Benedikt wieder in drei Psalmversen an, was die innere Haltung des gemeinsamen Gebetes sein soll: „Dient dem Herrn in Furcht!" (Ps 2,11). Furcht meint das Betroffenwerden von Gott. Das Gebet braucht das Gespür für den ganz anderen Gott, den Gott, der mich nicht nur fasziniert, sondern vor dem ich auch erschrecke. „Fascinosum et tremendum", das Anziehende und das Erschreckende sind nach Rudolf Otto die beiden Grunderfahrungen Gottes. „Psallieret weise!" (Ps 47,8). Das lateinische Wort für „weise" heißt „sapienter". Es kommt von „schmecken". Weise singt der die Psalmen, der die Worte kostet und schmeckt, der die Worte erfährt, erlebt, sie mit allen seinen Sinnen wahrnimmt. Der ganze Mensch soll beim Psalmensingen aktiv werden und das, was er singt, schauen, hören, schmecken, riechen, tasten. Im Psallieren bekommt der Mönch einen Gottesgeschmack. Da durchdringt Gottes Wirklichkeit seinen Leib und seine Seele.

Mit dem dritten Psalmzitat weist Benedikt auf die himmlische Liturgie hin, an der die Mönche in ihrem Chorgebet teilhaben: „Im Angesicht der Engel will ich dir Psalmen singen" (Ps 138,1). Die Engel verweisen auf die himmlische Liturgie. Im Stundengebet öffnet sich ein Fenster zum Himmel. Es ist nicht nur ein frommes Tun der Mönche, sondern ein Eintauchen in den ewigen Lobgesang der Engel. Die Mönche, die am Ort des Klosters gelebt und dort Gott ihr Leben lang gelobt haben, singen jetzt im Himmel das Lob Gottes weiter. Und die Mönche auf Erden haben Anteil an diesem ewigen Lobgesang. Denn die Engel schauen unablässig das Angesicht Gottes. So sind sie ein Bild für die Kontemplation geworden. Das Stundengebet will den Mönch zu mystischer Gotteserfahrung führen. Die Engel drücken seine Sehnsucht aus, Gott zu schauen und zu erfahren. Indem der Mönch im Angesicht der Engel singt, weiß er sich von Engeln umgeben. Und in den Engeln kommt ihm Gott selbst nahe, den die Engel Tag und Nacht schauen.

Seit jeher haben sich die spirituellen Schriftsteller bemüht, den letzten Satz des 19. Kapitels zu verstehen: „Sic stemus ad psallendum, ut mens nostra concordet voci nostrae = Stehen wir beim Singen der Psalmen so, dass unser Denken und unser Herz im Einklang mit unserer Stimme sind" (Holzherr, 162). Mens meint nicht nur den Verstand, sondern auch das Herz. Es ist der Seelengrund des Menschen, der sich für Gott öffnet. Vox ist nicht in erster Linie die Stimme des Mönches, sondern die Stimme Gottes, das Wort Gottes. Wenn wir die Psalmen singen, singen wir Gottes eigenes Wort, wird Gottes Stimme hörbar. Unser Herz soll im Singen eins werden mit dem Wort, das es singt, mit der Stimme Gottes, die durch das Singen nicht nur nach außen hin vernehmbar wird, sondern im Herzen aufklingt. Benedikt meint hier letztlich einen Verwandlungsweg durch das Singen der Psalmen. Im Singen gleicht sich das Herz immer mehr dem Wort, der Stimme Gottes an, wird immer mehr vom Geist Gottes durchdrungen. Es erfährt einen Einklang mit Gott, aber zugleich auch einen Einklang mit sich selbst. Wenn Gottes Stimme in der Stimme des menschlichen Sängers ertönt, dann kommt der Mensch immer mehr in Übereinstimmung mit Gott. Und wenn er mit Gott übereinstimmt, wird er auch stimmig mit sich selbst. Das Singen ist für Augustinus ein Weg nach innen, ein Weg zum inneren Raum der Stille, in dem Gott in uns wohnt. Benedikt hat hier die kontemplative Dimension des Chorgebetes im Blick. Das gemeinsame Gebet will uns immer tiefer in die Einheit mit Gott und in die Übereinstimmung mit unserem Seelengrund führen.

Im 20. Kapitel entfaltet Benedikt die Spiritualität des persönlichen Gebetes. Es sind einfache Worte, die nur verständlich werden, wenn wir sie auf dem Hintergrund der Mönchstradition sehen. Die Voraussetzung des Betens sind Demut und lautere Hingabe (puritatis devotio). Demut meint, dass der Mönch den Mut hat, seine ganze Wahrheit Gott hinzuhalten. Viele klagen, dass sie beim Beten Gott nicht erfahren. Ein wichtiger Grund, dass sie Gott nicht spüren, besteht darin, dass sie sich selbst nicht spüren. Sie bringen Gott nur ihre frommen Seiten dar. Aber all das Verdrängte halten sie vor Gott unter Verschluss. Dann kann ihr Gebet nicht lebendig werden. Denn alles, was wir abschneiden, fehlt uns an Lebendigkeit. Wenn wir Gott etwas vorenthalten, kann zwischen Gott und uns nichts strömen. Wir fühlen uns dann vor Gott blockiert und leer. Beten heißt, alles, was in uns ist, Gott hinzuhalten und vor Gott auszudrücken. Beten ist immer auch ein Weg der Selbsterkenntnis und Selbstbegegnung. Indem ich meine Wahrheit Gott hinhalte, ahne ich, wer Gott ist und wer ich selber bin.

Die zweite Voraussetzung ist die Reinheit der Hingabe. Dreimal spricht Benedikt hier von der Reinheit: Reinheit der Hingabe, Reinheit des Herzens, Reinheit des Gebetes. Reinheit des Herzens war für Cassian ein zentraler Begriff seiner Spiritualität. Reinheit des Herzens meint die Freiheit von allen egoistischen Trübungen unseres geistlichen Tuns. Wer reinen Herzens ist, der benutzt Gott nicht für sich selbst, der stellt sich nicht über andere. Reinheit meint das völlige Offensein für Gott, das Durchdrungenwerden von Gottes Geist. Und Reinheit des Herzens bedeutet für Cassian letztlich Liebe. Die Grundvoraussetzung allen Betens ist die Liebe. Wer liebt, der betet. Und Beten soll uns in die Liebe führen, so dass unser Herz mehr und mehr von Gottes Liebe erfüllt und verwandelt wird.

Neben der Reinheit des Herzens kennt Benedikt noch zwei weitere Bedingungen eines echten Gebetes: Wir sollen nicht viele Worte machen und wir sollen Tränen der Zerknirschung weinen. Dass wir nicht viele Worte machen sollen, hat schon Jesus in der Bergpredigt gefordert. Wir müssen Gott nicht mit vielen Worten dazu bewegen, uns zu helfen. Beten ist für Jesus vielmehr: in die innere Kammer, in das Verborgene des eigenen Herzens, hineingehen und dort Gott begegnen, der im Verborgenen ist. Im Verborgenen können wir Geborgenheit erfahren, weil Gott selbst dort wohnt. Beten ist also ein Weg nach innen und nicht nach außen. Im Gebet treten wir in den inneren Raum des Schweigens ein, in dem Gott schon in uns wohnt, verborgen, oft nicht spürbar. Doch dort, wo Gott in uns wohnt, kommen wir zu unserem wahren Selbst, dort können wir bei uns und in uns wohnen und in uns selbst daheim sein.

Die Tränen der Zerknirschung weisen auf das emotionale Element des Betens hin. Für Evagrius sind die Tränen Kennzeichen dafür, dass wir wirklich Gott erfahren haben. Wer Gott hautnah spürt, der bricht in Tränen aus, dessen Emotionen regen sich. Tränen sind leibhafter Ausdruck der Gotteserfahrung. Wir können die Tränen nicht hervorrufen. Sie können nicht als Mittel angewandt werden. Sie brechen aus uns heraus, wenn Gott uns wirklich berührt. Sie sind Zeichen, dass wir mit unserem Leib und unserer Seele auf Gottes liebende Nähe reagieren. Das Beten, wie Benedikt es versteht, will uns einführen in die Erfahrung Gottes. Und indem wir Gott erfahren, werden wir uns selbst neu erleben. Die Tränen sind Zeichen von Lebendigkeit und Fruchtbarkeit. Im Gebet kommen wir in Berührung mit unserer Seele, die durch die Tränen befeuchtet und befruchtet wird, damit die Herrlichkeit Gottes in ihr aufleuchtet und die Gestalt zur Blüte kommt, die Gott gerade dieser einmaligen Seele zugedacht hat.

3. Gebet und Arbeit

Das benediktinische Leben wird oft durch die Kurzformel „ora et labora – bete und arbeite" charakterisiert. Diese Formulierung steht so nicht in der Regel Benedikts, sondern sie erscheint erst bei Benedikt von Aniane, der im 9. Jahrhundert im Karolingerreich zahlreiche Klöster geprägt hat. Benedikt geht es um einen gesunden Ausgleich von Gebet und Arbeit. Vor allem aber geht es ihm um eine neue Theologie der Arbeit. Das benediktinische Arbeitsethos hat die Einstellung des Abendlandes zur Arbeit entscheidend mitgeprägt. Die Griechen sahen die auf Erwerb ausgerichtete Arbeit als Sklavenarbeit an. Das Ideal ist der freie und vermögende Vollbürger, der ohne Erwerbs-Arbeit dem Staate dient und sich der Muße erfreuen kann. Die Römer übernahmen diese negative Einstellung zur Arbeit. Für Cicero erniedrigt sich jeder, der für Geld arbeitet, zum Sklaven. Augustinus hat als erster ein christliches Arbeitsethos entwickelt. Arbeit ist göttliches Gebot an den Menschen. Sie dient nicht nur dem Lebensunterhalt, sondern ist zugleich ein Weg der spirituellen Vervollkommnung. Benedikt ist in seiner positiven Sicht der Arbeit vermutlich von Augustinus abhängig. Für ihn ist die Arbeit ein spiritueller Weg, Gott und sich selbst zu begegnen, sich für Gott und die Menschen zu öffnen und sich von Gott in seinen Dienst nehmen zu lassen.

Die Arbeit hat für Benedikt drei Bedeutungen: Sie dient dazu, dass die Mönche selbst ihren Lebensunterhalt verdienen. Das führt zur inneren Freiheit und zum rechten Maß im Umgang mit den Dingen. Wer sich das zum Leben Nötige selbst verdient, wird nicht abhängig von Wohltätern. Zugleich spürt er auch die Mühsal des menschlichen Lebens. Die zweite Bedeutung der Arbeit besteht im Dienst für die Menschen. Die Arbeit dient dem Wohl und Heil des Menschen. Sie ist Ausdruck der Nächstenliebe. Und schließlich soll durch die Arbeit Gott verherrlicht werden. Die Arbeit hat eine spirituelle Bedeutung. Die Arbeit ist ein Test, ob ich mich im Gebet wirklich für Gott öffne und mich Gott hingebe oder ob ich nur narzisstisch um mich kreise. Und die Arbeit ist ein wichtiger Ort der Selbsterkenntnis. In meiner Arbeit begegne ich mir selbst. In der Arbeit drückt sich meine Seele aus. Wenn ich chaotisch arbeite, zeigt sich darin das innere Chaos meiner Seele. Wenn ich antriebsgelähmt bin, dann ist das ein Zeichen dafür, dass ich zuviel Energie für meinen eigenen Seelenhaushalt brauche. Die Fehler bei der Arbeit lassen auf eine fehlerhafte Struktur meiner Seele schließen.

Wie Benedikt die Arbeit sieht, das drückt er in dem Satz aus: „... damit in allem Gott verherrlicht werde". Dieses Motto steht im Kapitel über die Handwerker. In der Gestaltung der Preise für die handwerklichen Produkte des Klosters soll sich nicht die Habsucht einschleichen. Man soll sie etwas billiger verkaufen, „damit in allem Gott verherrlicht werde = ut in omnibus glorificetur Deus" (RB 57,9). Die Anfangsbuchstaben u.i.o.g.D. stehen auf allen benediktinischen Werken, zu Beginn von Büchern und Briefen, auf Bauten und an Portalen. Alles, was geschaffen wird, wird zur Ehre Gottes geschaffen. In der Arbeit hat der Mensch teil am Schöpfungswerk Gottes. Da kann er die Schönheit, die Gott in seiner Schöpfung aufleuchten lässt, in den Werken seiner Kunst oder seines Handwerks zum Strahlen bringen. In allem, was geschaffen wird, wird Gott, der eigentliche Schöpfer aller Dinge, verherrlicht.

Wie muss die Arbeit beschaffen sein, damit sie Gott verherrlicht? Benedikt gibt in seinem Kapitel über die Handwerker drei Haltungen an: die Demut, den Gehorsam und die Freiheit von Habsucht. Die Demut meint, dass der Handwerker (artifex steht in der Regel, das ist auch der Künstler) in Berührung ist mit dem, was er tut. Er soll seine Arbeit nicht dazu missbrauchen, sich selbst darzustellen, sich und seinen Wert zu beweisen. Nur wenn wir uns bei der Arbeit selbst vergessen und uns ganz auf das einlassen, was wir tun, wird sie Frucht bringen. Dann wird sie Ausdruck unseres Gebetes sein. Dann werden wir in unserer Arbeit durchlässig für Gottes Schöpferkraft. Viele sind heute bei der Arbeit so schnell erschöpft, weil sie mit ihrer Arbeit Nebenabsichten verbinden. Sie möchten sich beweisen.

Oder aber sie arbeiten nur aus der eigenen Kraft. Aber die Quelle der eigenen Kraft ist schnell erschöpft. So verlangt die Demut, dass ich durch alle meine Emotionen und durch meine Nebenabsichten hinabsteige und mit der inneren Quelle in Berührung komme, mit der Quelle des Heiligen Geistes. Wenn ich aus dieser inneren Quelle heraus arbeite, dann werde ich viel arbeiten können, ohne mich dabei zu erschöpfen. Denn die Quelle des Heiligen Geistes ist unerschöpflich. Ich habe eine Schwester begleitet, die trotz eines starken Willens nur eine geringe Arbeitsleistung zustande brachte. Im Gespräch wurde deutlich, dass sie sehr viel Energie für sich selbst verbraucht. Sie ist voll innerer Zwänge, alles perfekt machen zu wollen, damit die Menschen auch zufrieden mit ihr sind. Und diese Zwänge binden die Energie, die ihr dann für die Arbeit fehlt. Die Effektivität der Arbeit galt frühen Mönchen als ein wichtiges Kriterium für die Stimmigkeit des geistlichen Lebens. Darin zeigt sich, ob einer durchlässig ist für Gottes Kraft oder ob einer nur sich und seine eigene Kraft in den Mittelpunkt stellen möchte.

Die zweite Bedingung dafür, dass die Arbeit Gott verherrlicht, ist der Gehorsam. Gehorsam meint nicht nur, dass ich meine Arbeit im Gehorsam dem Abt gegenüber verrichte, sondern dass ich im Arbeiten auf das höre, was Gestalt annehmen will, dass ich auf die Menschen horche, mit denen ich zusammen arbeite. Arbeit ist wesentlich Zusammenarbeit. Ich erlebe viele Firmen und auch Klöster, in denen zwar viel gearbeitet wird, aber nichts dabei herauskommt. Denn es fehlt das Aufeinander-Hören. Kommunikation und Information sind heute die wesentlichen Voraussetzungen einer effektiven Arbeit. Die Zusammenarbeit wird nur dann gelingen, wenn die Mitarbeiter aufeinander hören und wenn sie auf den hören, der für ihr Team verantwortlich ist. Und es verlangt zugleich ein Hören auf die wirklichen Bedürfnisse der Menschen. Wenn Arbeit den Menschen dienen soll, dann muss ich auf die Menschen und auf ihre tiefsten Sehnsüchte hören. Sonst produziere ich an ihnen vorbei.

Die dritte Voraussetzung für die spirituelle Dimension der Arbeit ist die innere Freiheit. Die Mönche sollen nicht dem Laster der Habsucht oder des Geizes verfallen. Und sie sollen bei der Arbeit ehrlich bleiben und sich keinen Betrug erlauben. Benedikt erinnert hier an den Betrug von Hananias und Saphira in der Apostelgeschichte. Beide verkauften ein Grundstück und brachten das Geld den Aposteln. Einen Teil hielten sie für sich zurück, doch sie taten, als ob sie den gesamten Erlös für die Gemeinde spendeten. Als Petrus ihre Lüge aufdeckte, starben sie. Wenn Mönche beim Verkauf nur an sich selbst denken und für sich selber etwas zurückbehalten, führt das zum Tod der Seele, dann stirbt in ihrer Seele etwas ab. Sie verlieren ihre innere Freiheit und Klarheit. Habsucht führt zur Unfreiheit. Man kreist immer nur um das, was man haben möchte. Verkaufen hat aber mit Loslassen zu tun. Ich freue mich über das Werk, das ich geschaffen habe, und lasse es zugleich los. Natürlich verdient es einen gerechten Preis. Aber das Ergebnis der Arbeit darf nicht dazu dienen, immer mehr haben zu wollen. Sonst werde ich süchtig. Ich gerate in Abhängigkeit zu dem, was ich nach außen hin als Gewinn erziele. Der äußere Gewinn zehrt den inneren Gewinn der Arbeit auf. Benedikt will mit dieser inneren Freiheit die Voraussetzungen schaffen, dass die Mönche Freude an ihrer Arbeit haben und dass sie sich ganz auf sie einlassen, ohne nach der eigenen Wirkung und nach der Höhe des Erlöses zu schielen.

Das benediktinische „ora et labora" meint nicht nur ein gesundes Nebeneinander und ein ausgeglichenes Maß für beide Pole unseres Lebens. Es bezieht sich vielmehr auf die innere Verbindung zwischen Gebet und Arbeit. In der Arbeit geht es um die gleichen Haltungen wie beim Gebet. Im Gebet kreise ich nicht um mich selbst, sondern öffne mich Gott. Im Gebet erkenne ich, dass mein Leben im Dienst Gottes steht, dass in meinem ganzen Wirken Gott verherrlicht werden will. In der Arbeit geht es auch darum, von mir und meinen eigenen Bedürfnissen frei zu werden und mich in den Dienst Gottes zu stellen. Ich arbeite nicht für mich, sondern für Gott und für die Menschen. Wenn ich von harter Arbeit müde geworden bin, dann kann gerade die Müdigkeit zu einem Ort der Gotteserfahrung werden. Ich habe dann das Gefühl, dass ich mich für Gott müde gearbeitet habe. Diese Müdigkeit fühlt sich gut an. In ihr spüre ich Gott in meinem Leib. Mitten in dieser Müdigkeit ist dann ein tiefer Friede. Es ist keine Erschöpfung, die mich leer macht, sondern eine Müdigkeit, die mir ein Gefühl der Zufriedenheit vermittelt. Arbeit ist immer Dienst für andere Menschen. Sie möchten sich auf meine solide Arbeit verlassen. So zeigt sich in der Arbeit, ob ich narzisstisch um mich kreise oder ob ich in Gebet und Arbeit frei werde von mir selbst, offen für Gott und für die Menschen. Heute gibt es gerade im spirituellen Bereich viele narzisstische Menschen, die Frömmigkeit mit Kreisen um sich selbst verwechseln. Gebet und Arbeit wollen mich von mir selbst befreien, so dass das Leben weiter strömt und fruchtbar wird.

Benedikt kennt ein gutes Ineinander von Gebet und Arbeit. Das unablässige Gebet wird von den Mönchen auch während der Arbeit geübt. Mitten in der Arbeit geht das innere Gebet weiter. Der Mönch denkt nicht immer an Gott, doch auf dem Grund seiner Seele ist er in Gott verankert. Im Inneren weiß er um Gottes Gegenwart. So wie wir an einem sonnigen Tag lieber arbeiten als an einem Regentag, ohne dass wir jedoch ständig an die Sonne denken, so umgibt uns bei der Arbeit Gottes heilende und liebende Nähe. Die Gegenwart Gottes ist der Raum, in dem wir arbeiten. Sie prägt unsere Arbeit. Das innere Gebet erinnert uns immer wieder an Gottes gegenwärtige Liebe.

Benedikt kennt das Gebet auch als heilsame Unterbrechung der Arbeit. Die Arbeit wird immer wieder unterbrochen, nicht nur durch das Stundengebet, sondern auch durch den Stundenschlag, der mich an Gott erinnert, und die Wege im Kreuzgang, der von Gottes Gegenwart erfüllt ist. Solche kleinen heilsamen Unterbrechungen öffnen den Himmel über meiner Arbeit. Sie brechen den emotionalen Teufelskreis von Verletzung, Ärger, Stress, Traurigkeit auf und verweisen mich auf Gott. Der Blick auf Gott relativiert die Konflikte, den Ärger, die Enttäuschung. Er verweist mich auf das Eigentliche. So kann ich mitten in der Hektik wieder zur Ruhe kommen, mitten in der Hitze Kühlung erfahren. Wenn ich mehr Zeit zum Beten habe, etwa bei der Mittagshore oder am Abend, dann reflektiere ich im Gebet meine Arbeit und erkenne dabei, wo ich mich von Ärger und Machtbedürfnissen habe leiten lassen und wo ich meine Arbeit wirklich als Dienst für andere verstanden habe. Das Gebet deckt mir also meine Motivationen bei der Arbeit auf. Und zugleich kann ich mich im Gebet in die angemessene Haltung bei der Arbeit einüben. Diese Haltung ist die gleiche wie beim Gebet: Dienst, Offenheit, Achtung vor den Menschen und Dingen, Demut, Gehorsam, Liebe, Klarheit, Selbstlosigkeit.

Die Arbeit wird vom Gebet unterbrochen. Und sie mündet ein in das Gebet. Im Gebet kann ich die Arbeit loslassen. Ich habe gearbeitet, so gut ich konnte. Jetzt lasse ich das Nachdenken über meine Arbeit und übergebe sie Gott. Ich überlasse Gott, was er aus meiner Arbeit macht. Ich verbiete mir, nachzugrübeln, ob alles, was ich getan, gesagt und entschieden habe, richtig war. Ich lasse es los und vertraue darauf, dass meine Arbeit bei Gott in guten Händen ist und dass er vollenden wird, was ich in meiner Arbeit begonnen habe. Viele können heute nicht von ihrer Arbeit abschalten. Die Arbeit verfolgt sie noch bis in den Schlaf. Sie werden beherrscht von ihrer Arbeit. Das Gebet entlastet mich von meiner Arbeit. Für mich ist es immer ein wichtiger Test, ob ich beim Chorgebet am Abend noch über die Arbeit nachdenke. Wenn ich mich nicht auf die Psalmen einlassen kann, sondern nur um die Geldgeschäfte kreise, dann stimmt meine Arbeit nicht mehr. Dann nimmt sie einen zu großen Raum ein. Wenn ich das merke, versuche ich, die Arbeit bewusst Gott zu übergeben und mich und meine Sorgen ins Gebet hinein loszulassen. Das verschafft mir dann innere Freiheit und Frieden.

4. Leitsätze für das Führen

In den beiden Kapiteln über den Abt (RB 2 und 64) und im Kapitel über den Cellerar, den wirtschaftlichen Leiter des Klosters (RB 31), entfaltet Benedikt wichtige Führungsgrundsätze. Nicht umsonst ist die Regel Benedikts im Mittelalter als Erziehungsbuch für Fürstensöhne benutzt worden. Und heute suchen Manager in den Führungsweisheiten der Regel Anregungen für ihre eigene Leitungsaufgabe. Viele in der Wirtschaft Verantwortliche spüren, dass die ständig wechselnden Leitungsmodelle viel zu kurzatmig sind. Sie sehnen sich nach soliden Grundsätzen und nach der spirituellen Dimension beim Umgang mit den Menschen und den Dingen.

Vor den konkreten Anweisungen, wie der Abt führen soll, beschreibt Benedikt, wie der Abt beschaffen sein soll. Die Voraussetzungen des Führens sind ihm wichtig. Der Abt „sei keusch, nüchtern, barmherzig, und das Erbarmen übertreffe immer das Richten, damit auch er Gleiches erfahre. Er hasse das Böse und liebe die Brüder" (RB 64,9–11). „Er sei nicht aufgeregt oder ängstlich, nicht maßlos oder engstirnig, nicht eifersüchtig oder gar argwöhnisch, weil er sonst nie zur Ruhe kommt" (RB 64,16). All diese Eigenschaften setzen voraus, dass der Abt eine gute Selbsterkenntnis besitzt. Denn nur wenn er den Mut hat, die eigenen Schattenseiten anzuschauen und sich damit auszusöhnen, wird er barmherzig sein können, wird er frei von Eifersucht und Argwohn sein. Wer sich selbst nicht kennt, der projiziert alle seine Schattenseiten auf die anderen. Er muss ständig argwöhnisch darauf achten, dass die anderen nicht das ausleben, was er sich verboten hat. Wer sich selbst erkannt hat, der geht gelassen an die Aufgabe des Leitens. „Keusch und nüchtern" zu sein setzt voraus, dass der Abt innerlich klar ist, dass sein Denken nicht getrübt ist durch Emotionen, durch Bitterkeit und Empfindlichkeit. Wer sich selbst erkennt, wird durchlässig und klar. Und solche Klarheit tut dem Führen gut.

Die wichtigste Haltung für das Führen aber ist das rechte Maß. Benedikt fordert vom Abt die Tugend der discretio, die beides bedeutet: das rechte Maß und die Gabe der Unterscheidung der Geister. „Ob sein Arbeitsauftrag, den er erteilt, Göttliches oder Weltliches betrifft, wisse er zu unterscheiden und Maß zu halten. Er denke an die Unterscheidungsgabe des heiligen Jakob, der sprach: Wenn ich meine Herden unterwegs überanstrenge, gehen alle an einem einzigen Tag zugrunde. Dieses und andere Zeugnisse für die Unterscheidungsgabe – die Mutter der Tugenden! – nehme er sich vor; so ordne er alles mit Maß, damit die Starken finden, was sie suchen, und die Schwachen nicht weglaufen" (RB 64,17–19). Durch die Gabe der discretio wird der Abt sowohl den Schwachen als auch den Starken gerecht. Die Starken können ihre Stärken noch mehr entfalten. Und die Schwachen werden nicht entmutigt, sondern angespornt, ihr Maß zu leben. Die discretio darf weder mit Laxheit noch mit Rigorismus verwechselt werden. Sie ist vielmehr die Kunst, in den einzelnen Menschen das Leben und die Fähigkeiten zu wecken, die in ihnen stecken.

Im 2. Kapitel hat Benedikt die Gabe der discretio als die Kunst beschrieben, jedem Einzelnen gerecht zu werden. Der Abt „wisse, wie schwer und mühevoll die Aufgabe ist, die er übernommen hat: Seelen zu leiten und der Eigenart vieler zu dienen, dem einen mit freundlichen Worten, einem anderen mit Tadel, einem dritten mit gutem Rat. Dem Charakter und der Fassungskraft jedes Einzelnen suche er zu entsprechen und sich allen so verständnisvoll anzupassen, dass er an der ihm anvertrauten Herde nicht nur keinen Schaden leidet, sondern sich am Gedeihen einer guten Herde freuen kann" (RB 2,31f.). Hier wird deutlich, dass die Gabe der Unterscheidung die Herzenskenntnis zur Voraussetzung hat. Der Abt muss sich selbst und die Brüder gut kennen, um entscheiden zu können, was dem Einzelnen gut tut, was sein Leben fördert und was ihn überfordert. So vermag er seine eigenen Reaktionen dem Fassungsvermögen und dem Charakter der Einzelnen anzupassen und sich auf jeden persönlich einzulassen.

Dabei kennt Benedikt verschiedene Bilder, die hinter dem jeweils anderen Verhalten stehen. Der Abt soll Vater für die Mönche sein. Der Vater ist der, der den Einzelnen den Rücken stärkt, der ihnen ein festes Rückgrat verleiht, der Mut macht, auch ein Risiko einzugehen und Fehler zu machen. Der Vater ist der, an den man sich anlehnen kann, zu dem man immer kommen kann, wenn man nicht weiter weiß. Der Abt ist Lehrer. Er darf nichts anderes lehren, als in der Schrift steht. Er muss daher Christus gut kennen, um Christus auch in seinen Worten und in seinem Verhalten zu verkünden. Der Abt ist Hirte. Als Hirte weidet er seine Herde, damit sie satt wird und geschützt vor Feinden. Das heißt, er hat seinen Mönchen geistliche Nahrung zu geben, damit sie auf dem inneren Weg weiterkommen. Und er soll Acht geben, dass keine reißenden Wölfe in die Herde einbrechen. Der Abt ist Arzt für seine Mönche. Die Aufgabe als Arzt ist vor allem bei Brüdern gefragt, die schwierig sind, die an sich und ihrer Wahrheit vorbeileben. Benedikt erinnert den Abt an das Wort Jesu: „Nicht die Gesunden brauchen den Arzt, sondern die Kranken. Deshalb muss er wie ein erfahrener Arzt alle Mittel anwenden" (RB 27,1f.). „Er sei sich bewusst, was er übernommen hat: die Sorge um schwache Seelen, nicht eine Gewaltherrschaft über gesunde" (RB 27,6). Es geht Benedikt nicht in erster Linie um Gehorsam und Disziplin, sondern um die Heilung des verletzten Menschen. Er rechnet damit, dass in das Kloster auch kranke Menschen eintreten. Gerade für sie hat der Abt Sorge zu tragen.

Bei aller ärztlichen Sorge darf der Abt jedoch nicht einfach das Böse wuchern lassen. Denn sonst wird es die ganze Gemeinschaft bestimmen und verderben. „Er darf nicht über die Sünden von Schuldigen hinwegsehen, sondern gleich am Anfang schneide er diese Sünden mit der Wurzel aus, so gut es ihm möglich ist" (RB 2,26). Wer führt, muss oft auch unangenehme Entscheidungen treffen. Er hat die Aufgabe, den Einzelnen zurechtzuweisen, zu tadeln und ihm auch Konsequenzen anzudrohen, wenn er sich zum Schaden der Gemeinschaft verhält. Aber zugleich soll er auch die andere Seite des Führens zeigen: das Ermutigen, das liebenswürdige Zugehen auf Einzelne.

Beim Cellerar zählt Benedikt zunächst auch dessen Eigenschaften auf. Er soll weise und reif sein, nüchtern, nicht überheblich, nicht aufgeregt, nicht verletzend, sondern gottesfürchtig. Es ist interessant, dass Benedikt vom wirtschaftlichen Leiter die Gottesfurcht verlangt. Benedikt zeigt, dass der Umgang mit weltlichen Dingen eine spirituelle Tiefe voraussetzt. Das gipfelt in dem berühmten Satz: „Alle Geräte und den ganzen Besitz des Klosters betrachte er als heiliges Altargerät" (RB 31,10). Auch das Weltliche ist heilig. Gottesfurcht meint, dass ich die Realität dieser Welt ernst nehme. Manche Klöster verarmen, weil ihre Spiritualität die Welt nicht ernst nimmt, weil sie sich in die heile Welt einer Spiritualität flüchten, in eine Welt der Illusionen, die diese Welt überspringt. Die Gottesfurcht zeigt sich beim Cellerar aber vor allem in der Ehrfurcht vor dem Einzelnen. Benedikt weiß um die Gefahr, dass man mit Geld

Macht ausübt, dass man den Mitbrüdern ihre finanzielle Abhängigkeit deutlich vor Augen hält. Für den Cellerar ist die wichtigste Forderung, dass er keinen Bruder traurig mache. „Er mache die Brüder nicht traurig. Falls ein Bruder unvernünftig etwas fordert, kränke er ihn nicht durch Verachtung, sondern schlage ihm die unangemessene Bitte vernünftig und mit Demut ab" (RB 31,6 f.). Die Gottesfurcht führt zur Ehrfurcht vor dem Menschen. Jeder verdient Achtung, gerade auch der, der schwierig ist und übertriebene Bedürfnisse hat. Der Cellerar darf nicht moralisieren, nicht verurteilen, keine Vorwürfe erheben, wenn einer Wünsche äußert. Er muss jeden ernst nehmen, aber auch seine eigenen Grenzen und die Grenzen seiner finanziellen Möglichkeiten respektieren.

Die Führungsaufgabe des wirtschaftlichen Leiters sieht Benedikt als Dienst an. „Wer seinen Dienst gut versieht, erlangt einen hohen Rang" (RB 31,8). Dienen hat für mich zwei Bedeutungen. Das lateinische Wort für „Diener" ist „servus". Es meint ursprünglich den Läufer, der die Botschaft vom Schlachtfeld zum Feldherrn trägt. Dienen heißt also: die Kommunikation am Laufen halten, dafür sorgen, dass alle, die arbeiten, gut miteinander kommunizieren, dass der Informationsfluss alle gleichermaßen erreicht. Eine gute Information ist Voraussetzung für gedeihliches Arbeiten. Das griechische Wort für Diener ist „diakonos". Es meint den Tischdiener, also den, der bei Tisch aufwartet. Man könnte sagen, der Diener ist der, der dem Leben dient, der Leben hervorlockt in den Menschen. Das ist für mich ein schönes Bild für die Führungsaufgabe: sich in die Menschen hineinmeditieren, um zu erkennen, welche Lebensmöglichkeiten in ihnen stecken, was in ihnen zum Leben kommen möchte. Der Cellerar hat die Aufgabe, in seinen Mitbrüdern und Mitarbeitern das Leben zu wecken. Das ist auf Dauer auch für die wirtschaftliche Leistung eines Klosters oder eines Unternehmens am effektivsten.

Benedikt ermahnt den Cellerar immer wieder, dass er jeden Bruder freundlich behandle und nicht von oben herab. Das Ziel seines Führens ist, dass „im Hause Gottes niemand verwirrt oder traurig werde" (RB 31,19). Traurigkeit zieht den Menschen nach unten. Sie trübt sein Denken. Sie schafft eine Atmosphäre der Schwere und Depression, die alle nach unten zieht, die Leben verhindert. Benedikt spricht hier vom Haus Gottes. Haus Gottes ist ein Raum, in dem die Menschen sich angenommen und geliebt wissen, ein Raum, in dem sie in Berührung kommen mit ihrer Seele, mit ihrer Kreativität und Phantasie. Wenn der Cellerar durch seine Führungsaufgabe dem Haus Gottes dient, wird er in den Mönchen Leben hervorlocken. Sie werden mit Phantasie und Liebe an die Arbeit gehen. So wird sie die Arbeit aufbauen. Die Arbeit wird zur Therapie für ihren Leib und ihre Seele.

Aber der Cellerar soll auch für sich selbst sorgen. „Er gebe Acht auf seine Seele" (RB 31,8). Er soll auf seine Gefühle, auf seinen Leib, auf seine Träume achten. Wenn er bitter und hart wird bei seiner Arbeit, dann stimmt etwas nicht mehr mit ihm. Dann wird er um sich herum auch Aggressivität und Unzufriedenheit verbreiten. Wenn er sich gehetzt fühlt, dann hasst er sich selbst und seine Mitbrüder. Der Cellerar erkennt an seinen Gefühlen, ob er mit seiner Leitung dem Leben dient oder Leben verhindert und ob er im Dienst Gottes steht oder in seinem eigenen Dienst. Wenn er seine Arbeit als sein eigenes Werk betrachtet, wird er viel leichter enttäuscht werden durch die Grenzen seiner Mitarbeiter. Er wird nicht mehr durchlässig sein für den Geist Jesu. Daher ist das Achtgeben auf die eigene Seele so entscheidend, damit seine Aufgabe eine geistliche Aufgabe bleibt und nicht zur reinen Verwaltertätigkeit wird, der es nur um Erfolg und Durchsetzung der eigenen Ziele geht. Der Cellerar kann nur dann gut mit seinen Mitarbeitern umgehen, wenn er auch gut mit sich umgeht. Daher soll er Helfer bekommen. „Mit ihrer Unterstützung kann er das ihm anvertraute Amt mit innerer Ruhe verwalten" (RB 31,17). Die innere Ruhe, der Gleichmut (aequo animo) ist Voraussetzung für eine fruchtbare Führung. Der Cellerar wird nur dann im Einklang mit sich selbst sein, wenn seine Motive lauter sind und wenn er seine eigenen Grenzen akzeptiert und sich von anderen helfen lässt.

Was Benedikt vom Cellerar am eindringlichsten einfordert, das ist die Demut: „Vor allem habe er Demut" (RB 31,13). Das scheint nicht sehr hilfreich zu sein. In einem Traum wurde mir einmal klar, was die Demut für den Cellerar bedeutet. Da hielt ein Mitbruder einen Vortrag über einige Fragen des Mönchtums. Da meldete ich mich und sagte: „Ich habe in den letzten Tagen erst gelesen, dass die Demut für den Cellerar ein Schutzschild sei. Sie schützt ihn vor den Emotionen und Projektionen seiner Mitarbeiter." Wenn der Cellerar in der Demut sich selbst mit seinen Licht- und Schattenseiten angenommen hat, dann treffen ihn die Projektionen der anderen kaum. Sie gehen an ihm vorüber. Er nimmt sie wahr. Aber sie haben keine Macht über ihn. Jeder, der Verantwortung übernimmt, wird mit Projektionen überschüttet. Oft genug fühlt sich dann der Verantwortliche in der Opferrolle. Er meint es gut. Aber seine Mitarbeiter machen ihm das Leben schwer. Die Demut schützt uns vor den Emotionen und Projektionen, mit denen wir von außen übergossen werden. Die Demut führt uns zu uns selbst, in die eigene Wahrheit. Sie bringt uns in Berührung auch mit all dem Verdrängten in uns. So wird das Verdrängte nicht mehr durch die Projektionen der anderen aufgewühlt. Es bleibt ruhig. So ist die Demut für den Cellerar nicht eine Forderung, die er erfüllen soll, sondern eine Hilfe, um seine Aufgabe so leben zu können, dass sie ihn nicht überfordert.

5. Christus im Bruder sehen

Die geerdete Spiritualität Benedikts zeigt sich im Glauben an Christus im Bruder und in der Schwester. Glaube ist für Benedikt nichts Abstraktes. Es geht ihm nicht um Rechtgläubigkeit, um den Glauben an die Wahrheit. Ob ich an Gott glaube, das konkretisiert sich für Benedikt daran, ob ich auch an den Menschen glaube, ob ich daran glauben kann, dass mir in jedem Menschen Christus begegnet. Hier zeigt sich Benedikts Glaube an die Menschwerdung Gottes in Jesus Christus. Seit Gott in Jesus Mensch geworden ist, leuchtet uns in jedem menschlichen Antlitz Gottes Herrlichkeit auf.

Benedikt konkretisiert diesen Glauben an Christus im Bruder in zweifacher Hinsicht. Einmal sollen wir auf die Mitmenschen hören, weil Christus gerade durch sie zu uns spricht. Der Abt soll alle Brüder zur Beratung herbeiziehen, „weil der Herr oft einem Jüngeren offenbart, was das Beste ist" (RB 3,3). Christus kann also durch jeden Bruder dem Abt sagen, was das Beste für ihn und die Gemeinschaft ist. Daher soll der Abt genau hinhören, was Christus gerade durch die Jüngeren sagen möchte. Ähnlich ist es mit dem Gast, der das Kloster besucht und manches zu kritisieren hat. Auch dann tut der Abt gut daran, die Kritik ernst zu nehmen. Denn vielleicht hat der Herr den Gast gerade deshalb geschickt, um den Abt auf manches aufmerksam zu machen, das er in seiner Betriebsblindheit übersehen hat.

Benedikt hat in seiner Regel weiter geführt, was ihm das frühe Mönchtum überliefert hat. Und dort ist das Thema „Christus im Bruder" vor allem unter dem Aspekt des schwierigen Mitmenschen behandelt worden. Gerade in dem, der mir Probleme macht, an dem ich mich reibe, soll ich Christus als meinen Arzt erkennen. Denn, so sagt ein Väterspruch, wenn einer mich kränkt, dann deckt er mir nur die Krankheit auf, die schon in mir ist. Ich würde nicht gekränkt reagieren, wenn der andere mich nicht gerade dort treffen würde, wo meine Wunde liegt. Vielleicht ist die Wunde nur oberflächlich vernarbt. Der andere sticht hinein und lässt sie mich wieder spüren. Dann wäre es wichtig, meine Wunde anzuschauen und sie Christus hinzuhalten, damit er sie heilen möge.

Benedikt rechnet mit täglichen Konflikten in der Klostergemeinschaft. Er rechnet damit, dass die Mitbrüder sich gegenseitig zur Weißglut bringen. Aber er sieht gerade die Zusammensetzung aus verletzten Menschen als Chance, die eigenen Wunden zu erkennen und durch die Wunden immer mehr für Gott aufgebrochen zu werden. Die Verletzungen, die ich im Miteinander erlebe, verweisen mich auf Gott. Ich kann in der Gemeinschaft nur gut leben, wenn ich nicht in der Gemeinschaft und in den konkreten Beziehungen zu meinen Mitbrüdern meinen Grund habe, sondern in Gott. Natürlich gibt es auch Gemeinschaften, in denen die gegenseitigen Verletzungen den Blick auf Gott trüben. Die ganze Energie wird da nur in gegenseitigen Macht- und Verletzungsspielen aufgebraucht. Eine solche Gemeinschaft hat die spirituelle Dimension ihres Miteinanders verloren. Zumindest hat die Spiritualität nicht mehr die Kraft, das Miteinander menschlich zu gestalten. Die Verletzungen sind so stark, dass Leben verhindert wird und dass die Beziehung zu Gott sich in Bitterkeit und Härte hinein auflöst.

Dass wir Christus im Bruder begegnen, nimmt Benedikt ganz wörtlich. Das Kapitel über die Aufnahme der Gäste beginnt er mit den Worten: „Gäste, die ankommen, empfange man alle wie Christus; weil er selber sagen wird: Ich war fremd, und ihr habt mich aufgenommen" (RB 53,1). Benedikt identifiziert den Gast mit Christus. Im Gast wird Christus aufgenommen. Das drückt sich bis in die Köperhaltung dem Gast gegenüber aus. Man soll sich vor dem Gast verneigen, ja man soll sich sogar vor ihm zu Boden werfen, „um in den Gästen Christus zu verehren, der auch wirklich aufgenommen wird" (RB 53,7).

Christus wird nicht nur symbolisch im Gast gesehen, sondern wirklich. Für uns ist heute dieser Glaube an die Wirklichkeit Christi im anderen fremd. Und doch entspricht er der biblischen Aussage, in der sich Jesus selbst mit den Armen, Hungernden, Nackten, Gefangenen und Fremden identifiziert. Benedikt schärft daher den Mönchen ein, Christus gerade in den Armen und Pilgern aufzunehmen: „Denn mehr als in anderen nimmt man in ihnen Christus auf" (RB 53,15). Reichen Menschen erweist man ohnehin die gebührende Ehre. Aber gerade in den unscheinbaren Menschen, in den armen Pilgern, in denen, die am Rand sind, die einem auf die Nerven gehen, begegnet uns Christus.

Die Gastfreundschaft hat seit dem 6. Jahrhundert das benediktinische Leben ausgezeichnet. Benedikt hat die biblische Botschaft der Gastfreundschaft konkret umgesetzt, so dass die Benediktiner eine eigene Form dieser urchristlichen Tugend entwickelt haben. Sie haben eine Kultur der Gastfreundschaft geschaffen, die das Bild des Abendlandes über Jahrhunderte geprägt hat. Und auch heute noch nehmen viele die Gastfreundschaft der Benediktiner gerne in Anspruch. Die Benediktiner gehen den Menschen nicht nach, sie bieten ihnen einen Raum der Stille und des Gebetes, in den sie eintauchen können. In diesem Raum geschieht Begegnung. Da geht es darum, sich aufeinander einzulassen, die Herausforderung des Fremden anzunehmen und das Fremde und Unbekannte in sich selbst neu zu entdecken. Die Gäste sind nicht nur die Empfangenden, sondern auch die Gebenden. Sie beleben das Kloster. Sie bewahren es vor Sterilität, vor unfruchtbarem Kreisen um sich selbst.

Der Glaube an Christus im anderen führt zur Ehrfurcht vor jedem Einzelnen, zur Achtung vor der unverwechselbaren Würde, die jeder Mensch besitzt. Daher schärft Benedikt vor allem dem Abt und dem Cellerar ein, auch die schwierigen

Mitbrüder nicht von oben herab zu behandeln, sondern immer in Demut, d. h. in der Haltung, dass im anderen Christus wohnt. Dieser Glaube hat Benedikt zu einer positiven Sicht des Menschen geführt. Gerade damals in der Zeit der Völkerwanderung war der Glaube an das Gute im Menschen im Schwinden begriffen. Es war eine Zeit des Chaos. Alle Maßstäbe, die bisher galten, wurden über Bord geworfen. Es herrschte Misstrauen gegenüber den Fremden, Misstrauen gegenüber Andersdenkenden. In der Regel des Magisters, aus der Benedikt schöpft, begegnet uns dieses Misstrauen auch gegenüber den Mönchen. Da hat man den Eindruck, die Regel müsse dafür sorgen, dass die Mönche, die eigentlich voller Fehler sind und am liebsten ohne jede Zucht und Regel leben möchten, einigermaßen bei der Stange gehalten werden. Benedikt glaubt an den guten Kern in seinen Brüdern. Er traut ihnen etwas zu. Daher muss er sie nicht ständig kontrollieren.

Benedikt weiß aber auch um die Schwächen der Menschen. Er weiß, dass im Kloster auch psychisch kranke Brüder leben. Gerade für sie soll der Abt als Arzt sorgen. Er soll das Beispiel des guten Hirten nachahmen, „der neunundneunzig Schafe in den Bergen zurückließ und hinging, um das eine verirrte Schaf zu suchen. So groß war sein Mitleid mit dessen Schwäche, dass er sich herabließ, es auf seine heiligen Schultern zu nehmen und so zur Herde zurückzutragen" (RB 27,8f.). Auch der Mensch, der sich verirrt hat, hat eine unantastbare Würde. Gerade der kranke Bruder braucht alle Liebe und Sorge, damit er nicht in eine tiefe Depression falle. Er braucht Trost durch einen Menschen, der ihm beisteht in seiner Einsamkeit, in seiner Unfähigkeit, sich selber anzunehmen (vgl. RB 27,3). Nur wenn andere an Christus in ihm glauben, lernt er es langsam, auch den guten Kern in sich zu sehen, an das Geheimnis in sich zu glauben, das ihn übersteigt, an das Geheimnis der Gegenwart Christi in sich selbst.

6. Gemeinsam Gott suchen

In Gesprächen wird immer deutlich, dass es heute vor allem Beziehungsprobleme sind, die Menschen bedrücken. Viele scheitern in ihrer Partnerschaft. Andere halten an ihrer Ehe fest, sind aber unfähig, auf faire Weise miteinander zu leben. Ihre Energie wird durch die täglichen Streitigkeiten absorbiert. Firmen werden durch die Konflikte innerhalb der Abteilungen aufgerieben. Die Kirche erlebt heute eine wachsende Polarisierung und Unfähigkeit, die verschiedenen Gruppen miteinander zu versöhnen. Und die Gesellschaft driftet immer mehr auseinander. Gruppenegoismus, rivalisierende Gruppen, Feindbilder, Vorurteile spalten die Gesellschaft, ja die Welt. Unsere Welt gleicht der Zeit der Völkerwanderung, in der die Gesellschaft auseinander fiel, in der alle Ordnungen über den Haufen geworfen und die Völker miteinander neu gemischt wurden. In dieser Zeit hat das benediktinische Kloster, obwohl es vielleicht nur dreißig Mönche umfasste, doch ein Modell entworfen, das im Laufe der Zeit stabilisierend und versöhnend auf das Abendland gewirkt hat. So könnte der Ansatz Benedikts, als Gemeinschaft Gott zu suchen und zu dienen, auch heute neue Aktualität bekommen.

Benedikt sieht im Miteinander der Urkirche das Ideal, das er in seiner kleinen Klostergemeinschaft verwirklichen will. Auch wenn Lukas die Gemeinschaft der Urkirche idealisierend beschrieben hat, so blieb im Mönchtum doch immer das Heimweh nach der Urkirche lebendig. Für Lukas war das neue Miteinander, das aus Juden und Griechen, aus Herren und Sklaven, aus Männern und Frauen, aus Armen und Reichen entstand, Beweis, dass das Reich Gottes gekommen ist, dass der Geist Jesu über die Menschen ausgegossen wurde und sie zu einem neuen Miteinander befähigt hat. Die Erfahrung der frühen Kirche war wesentlich eine Gemeinschaftserfahrung. An diese Erfahrung, dass der Geist Jesu ein neues Miteinander schafft, will Benedikt anknüpfen. Er will eine Schule im Dienst Gottes errichten, eine Schule, in der ein neues Miteinander vor Gott und in Gott gelernt wird.

In seiner Regel entwickelt Benedikt keine Theologie der Gemeinschaft. Er beschreibt vielmehr recht nüchtern, wie die Gemeinschaft mit ihren Konflikten umgehen soll, wie die Reihenfolge sein soll, wie die Mönche einander begegnen sollen. Es sind konkrete Verhaltensweisen, die alle dem einen Zweck dienen, dass die Mönche miteinander Gott suchen und sich auf ihrem Weg stützen. Es soll auf diese Weise das „Haus Gottes" errichtet werden, in dem niemand verwirrt oder traurig leben soll. „Haus Gottes" ist Symbol für die Gemeinschaft, die eine Wohnung des Geistes sein soll. Die Mitte dieser Gemeinschaft ist Jesus Christus. Benedikt geht es weniger um die Theologie dieses Hauses Gottes, sondern um konkrete Wege, damit dieses Haus vom Geist der Milde und Barmherzigkeit erfüllt bleibt und nicht vom Geist der Bitterkeit und Traurigkeit.

Im 72. Kapitel wird etwas vom Idealbild der klösterlichen Gemeinschaft sichtbar. Da erinnert Benedikt die Mönche an den guten Eifer, den sie haben sollen: „Diesen Eifer sollen die Mönche in glühender Liebe pflegen: Sie sollen sich in gegenseitiger Achtung übertreffen. Ihre körperlichen oder charakterlichen Schwächen sollen sie gegenseitig mit großer Geduld ertragen. Im gegenseitigen Gehorsam sollen sie sich überbieten. Keiner soll den eigenen Vorteil suchen, sondern eher den des anderen. Die brüderliche Liebe sollen sie einander selbstlos entgegenbringen. Gott sollen sie in Liebe fürchten. In aufrichtiger und demütiger Liebe seien sie ihrem Abt zugetan. Sie sollen gar nichts höher stellen als Christus, der uns alle miteinander zum ewigen Leben führe" (RB 72,3–12). Dieses Kapitel ist gleichsam das Vermächtnis Benedikts. Hier schärft er den Mönchen nochmals ein, was sie besonders beachten sollen. Auch hier wird weniger eine Theologie der Gemeinschaft entfaltet, vielmehr werden die Bedingungen für ein gedeihliches Miteinander aufgezeigt. Im letzten Satz jedoch wird deutlich, dass es eben nicht um das Wohlfühlen in der Gemeinschaft geht, sondern um Christus, der die eigentliche Mitte und das Ziel des gemeinsamen Suchens ist.

Erste Bedingung dafür, dass eine Gemeinschaft den Geist Christi atmet wie in der Urkirche, ist die Achtung, die Ehrfurcht vor dem anderen. Wer ein Leben lang zusammen lebt, bekommt auch die Schwächen seiner Mitbrüder mit. Da ist es wichtig, den anderen deshalb nicht zu verachten, sondern immer um seine Würde zu wissen und daran zu glauben. Die Ehrfurcht lässt dem anderen sein Geheimnis. Sie verzichtet darauf, alles beim anderen auszuspionieren. Eine Gemeinschaft kann nur auf Dauer menschlich miteinander leben, wenn sie ein gesundes Verhältnis von Nähe und Distanz hat. Manche moderne Gemeinschaften gehen nach kurzer Zeit wieder auseinander, weil sie zuviel Nähe wollen und weil sie alles vom anderen wissen wollen. Nur eine gesunde Spannung von Einsamkeit und Gemeinschaft, von Nähe und Distanz, von Mitteilen und dem Geheimnis, das jedem bleibt, kann auf Dauer eine lebensfähige Gemeinschaft bilden.

Die zweite Voraussetzung für das Zusammenleben ist die Bereitschaft, den anderen zu ertragen. Schon Paulus nennt das Gesetz Christi: „Einer trage des anderen Last" (Gal 6,2). Auch hier braucht es eine gesunde Spannung. Ich darf nicht jeden Konflikt in der Gemeinschaft als Kreuz verstehen, das ich tragen muss. Denn dann wird die Realität ideologisiert. Die Ideologie nimmt mir aber die Möglichkeit, die Konflikte offen anzusprechen und zu lösen. Sie führt zu einer masochistischen Haltung, die Bert Hellinger in den Satz zusammenfasst: „Leiden statt lösen." Doch bei aller Suche, die Probleme anzusprechen und zu lösen, bleibt immer noch genug, das man einfach tragen und annehmen muss. Vor allem gilt es zu ertragen, dass die Gemeinschaft nicht ideal ist, dass da nicht nur wahrhaft gottsuchende Brüder und Schwestern sind, sondern auch Menschen, denen es mehr um die Befriedigung ihrer eigenen Bedürfnisse geht, weil sie die Gemeinschaft gesucht haben, damit es ihnen gut geht. Benedikt hat diesen Satz auf dem Hintergrund der Erfahrung geschrieben, die er selbst mit seiner Gemeinschaft gemacht hat, aber auch im Anschluss an Gedanken, die Cassian in seiner 16. Unterredung entfaltet. Cassian schreibt: „Wer den anderen aushält und erträgt, zeigt sich stark; wer dagegen schwach, fast krankhaft veranlagt ist, den muss man vorsichtig und sanft behandeln; manchmal muss man dem anderen um seiner Ruhe, seines Friedens und Heils willen auch in notwendigen Dingen nachgeben ... Niemals nämlich erträgt der Schwache einen Starken" (Holzherr 326). Ja, Cassian weiß, dass manche kranken Brüder für die anderen eine große Belastung und zugleich Herausforderung sein können: „Im übrigen ist auch festzuhalten, dass die Schwachen von Natur aus immer rasch bereit sind, andere zu beleidigen oder einen Konflikt auszulösen, selber aber nicht einmal den Schatten eines Unrechts tolerieren können" (ebd.). Wenn eine Gemeinschaft allerdings nur aus Schwachen besteht, kann das leicht zur Spaltung und Auflösung führen. Zumindest wird das Leben bald unerträglich. Es braucht immer genügend Starke, die die Schwachen mittragen und ihnen einen Raum der Heilung anbieten.

Benedikt fordert nicht nur den Gehorsam dem Abt gegenüber, sondern auch den gegenseitigen Gehorsam. Damit meint er wohl, dass die Brüder aufeinander hören sollen. Jeder bringt seine Begabung mit. Jeder hat seine persönliche Sichtweise. Eine Gemeinschaft ist kein Einheitsbrei. Sie bleibt nur dann bunt und lebendig, wenn jeder auf den anderen hört und seiner Stimme Raum lässt. Viele Stimmen müssen zusammenklingen, damit die Gemeinschaft miteinander übereinstimmen kann.

Gehorsam den Brüdern gegenüber heißt auch, dass der Einzelne bereit ist, Verantwortung für die Gemeinschaft und für einzelne Mitbrüder zu übernehmen. Er lässt sich fordern und kreist nicht nur um die eigenen Bedürfnisse.

„Die brüderliche Liebe sollen sie einander selbstlos (caste = keusch) entgegenbringen" (RB 72,8). Hier spricht Benedikt von der „caritas". Es ist nicht die Freundesliebe, sondern die Liebe, von der Jesus sagt, dass sie aus Gott kommt. Und diese Liebe sollen sich die Brüder „keusch, lauter" erweisen. Es geht weniger um eine gefühlsmäßige Liebe, sondern um das Annehmen des anderen, so wie er ist. Unsere Liebe ist ja immer auch vermischt mit Besitzansprüchen, mit Eifersucht, mit Habenwollen, mit der Erfüllung der eigenen Bedürfnisse. Wir lieben, um geliebt zu werden. Wir haben Nebenabsichten mit unserer Liebe. Die Gemeinschaft ist ein Feld, in dem die lautere Liebe eingeübt werden kann. Das Einüben dieser Liebe wird zur Gotteserfahrung, zum Ort, an dem die Liebe Gottes erahnt wird, mit der Gott uns selbstlos (caste) liebt.

Die brüderliche Liebe hat ihren Grund in der Liebe zu Gott. Eigenartigerweise spricht Benedikt hier von der Liebe zu Gott als „amor". Amor ist eigentlich die erotische Liebe, die begehrliche Liebe, die sich danach sehnt, mit dem Geliebten eins zu werden. Hier klingt an, dass die Liebe zu Gott sich auch aus der Kraft des Eros speist. Es ist keine intellektuelle Liebe, keine Liebe, die nur aus dem Willen kommt, sondern aus der Sehnsucht des Herzens, das eins werden möchte mit dem Geliebten. Benedikt geht es offensichtlich darum, dass die menschliche Liebe zwischen den Brüdern von der Gottesliebe gespeist wird und die Liebe zu Gott von der erotischen Liebe zu einem geliebten Menschen. Beide Pole müssen zusammen kommen, damit die Liebe echt bleibt. Ohne Eros bleibt die Gottesliebe langweilig und nicht spürbar. Ohne die göttliche Liebe wird die Liebe zu den Menschen entweder zu einer moralischen Überforderung oder zu einem ständigen Kreisen um die eigenen Gefühle.

Die Liebe zu Gott sieht Benedikt zusammen mit der Furcht. Bei Johannes heißt es, dass in der Liebe keine Furcht ist. Doch die Mönche sollen Gott in Liebe fürchten. Hier ist von der Spannung die Rede zwischen dem Gott als „fascinosum" und als „tremendum", zwischen dem Gott, der uns begeistert und anzieht, und dem Gott, der uns erschreckt, der uns bis in die Knochen trifft. Nur wenn diese Spannung ausgehalten wird, wird unsere Gottesbeziehung lebendig bleiben und gesund. Ohne die Ehrfurcht sind wir in Gefahr, Gott zu verniedlichen und zu vereinnahmen. Aber ohne die Liebe wird die Furcht zur Angst, die das Gottesbild verfälscht.

Die wichtigste Bedingung für das Gelingen von Gemeinschaft liegt in der Forderung Benedikts: „Sie sollen gar nichts höher stellen als Christus, der uns alle miteinander zum ewigen Leben führe" (RB 72,11f.). Diesen Satz hat Benedikt aus der Spiritualität der Märtyrer übernommen. Er findet sich in ähnlicher Weise bei Cyprian (gest. 258). Benedikt ist offensichtlich davon überzeugt, dass das Miteinander nur gelingen wird, wenn die Mönche vom Geist der Märtyrer erfüllt sind, von ihrer Bereitschaft zur Hingabe, von ihrem Mut, sich ganz und gar auf Christus einzulassen und für ihn Zeugnis abzulegen. Wenn die Gemeinschaft nur um sich selbst kreist, um das Wohlbefinden der einzelnen Mitglieder, dann wird sie sich bald auflösen. Sie wird so sehr im eigenen Saft schmoren, dass sie darin untergeht. Die Gemeinschaft braucht ein Ziel, das sie übersteigt. Dieses Ziel muss mehr sein als eine gemeinsame Arbeit. Es muss letztlich ein jenseitiges Ziel sein: Gott oder Jesus Christus. Nur wenn die Mönche Christus über alles stellen und ihr Leben für ihn einsetzen, wird ihre Gemeinschaft Bestand haben.

In diesem Satz klingt für mich aber noch etwas anderes mit. Meine Erfahrung mit Gemeinschaft hat mir gezeigt, dass die

Gemeinschaft nie meine Bedürfnisse nach Heimat, nach Angenommenwerden, nach Geborgenheit und Halt erfüllen wird. Die Gemeinschaft wird mich immer wieder enttäuschen. Doch gerade die Enttäuschung an der Gemeinschaft verweist mich auf Christus. Nur wenn ich in Christus meinen letzten Grund sehe, kann ich es in der Gemeinschaft aushalten. Nur wenn ich nichts höher stelle als Christus, kann ich die Gemeinschaft realistisch erleben. Da erlebe ich sie manchmal als einen Ort, an dem Christus erfahrbar wird, etwa in gemeinsamen Gottesdiensten oder in Gesprächen, die gelingen, in denen wir einander teilgeben an unserer Suche nach Gott. Aber dann erlebe ich sie wieder in ihrer Banalität und Durchschnittlichkeit, in ihrem kleinkarierten Denken und in ihrem Kreisen um sich und unwichtige Probleme. Aber wenn es mir um Christus geht, dann zerbreche ich nicht daran, sondern nehme es als Ansporn, mich tiefer in Christus zu gründen und wirklich auf ihn zuzugehen. Er allein kann meine tiefste Sehnsucht erfüllen.

7. Die Kunst des gesunden Lebens

Wenn ein Außenstehender die Regel liest, wundert er sich, dass da alles genau geregelt wird, dass da die Struktur der Gemeinschaft, die Beziehung der Brüder untereinander, die Tagesordnung, die Arbeit, die Mahlzeiten genau festgelegt sind. Ist das nicht zuviel des Guten? Was soll die genaue Beschreibung des konkreten Lebens? Verhindert die Reglementierung aller Lebensvollzüge nicht Spontaneität und Lebendigkeit? Wo bleiben da Freiheit und Eigenverantwortung? Kann man bei so vielen Vorschriften den ganz persönlichen Reifungsweg gehen?

Benedikt will mit seiner Regel das Evangelium konkret für eine Mönchsgemeinschaft auslegen. Er zeigt auf, wie es aussehen kann, wenn 30 Mönche miteinander christlich leben wollen.

Benedikt meint nicht, dass nur die Befolgung der Regel evange-
liumsgemäß ist. Es gibt viele Weisen, nach dem Evangelium zu
leben. Doch Benedikt geht es um Konkretisierung des Evange-
liums in eine ganz bestimmte Lebenssituation hinein. Dabei lässt
er sich von der antiken Einsicht leiten, dass eine gute äußere
Ordnung den Menschen in Ordnung zu bringen vermag. Und
er antwortet auf die Absicht der antiken Medizin, die als ihre
wichtigste Aufgabe erkannt hatte, in die Kunst des gesunden
Lebens einzuführen. Damit der Mensch gesund leben kann,
braucht er eine ausgeglichene Lebensweise. Regel ist für Benedikt die Beschreibung einer Lebensweise, die dem Einzelnen
und der Gemeinschaft gut tut. Die eigentliche Regel ist für
das frühe Mönchtum immer die Heilige Schrift. Die benediktinische Regel will nur die Regel der Bibel in das Miteinander
einer konkreten Mönchsgemeinschaft auslegen.

In der antiken Medizin ist eine Lebensweise dann gesund,
wenn sie die verschiedenen Kräfte des Menschen in ein gutes
Gleichgewicht bringt, wenn sie eine gesunde Spannung erzeugt
zwischen den sich widerstreitenden Strebungen der menschlichen Seele. Die Spannung zwischen Gebet und Arbeit, zwischen Einsamkeit und Gemeinschaft, zwischen Schweigen und
Gespräch, zwischen Gnade und Natur, zwischen Forderung
und Verständnis für die Situation des Einzelnen muss durch-
gehalten werden. Immer wenn ein Pol zu sehr betont wird,
gerät der andere Pol in den Schatten und wird sich von daher
negativ auf die menschliche Seele auswirken. Spannung erzeugt
Energie. Wenn die Spannung zu groß wird, gibt es eine Explo-
sion. Wenn die Spannung zu schwach bleibt, wird das Leben
flach. Die Regel wacht darüber, dass die Spannung zwischen
den Polen des menschlichen Lebens das Strömen der Lebensenergie und des Heiligen Geistes ermöglicht.

Der Regel sieht man es an, wie Benedikt immer wieder versucht, auszugleichen zwischen den verschiedenen Polen: dass

er die Mönche nicht überfordert, aber auch nicht unterfordert, dass die Weisungen der Bibel entsprechen und doch die Mönche nicht abschrecken. Benedikt will der Tradition des frühen Mönchtums gerecht werden, ohne die konkrete Situation der jeweiligen Zeit zu überspringen. Er will die Bedürfnisse der Gemeinschaft ernst nehmen, aber auch die des Einzelnen. Er möchte den Einzelnen nicht über einen gemeinsamen Kamm scheren, aber auch den individuellen Bedürfnissen nicht Tür und Tor öffnen.

Die Kunst des gesunden Lebens wird etwa deutlich im Kapitel über die Zuteilung des Notwendigen, über das Maß der Speise und des Getränkes. Jedem soll zugeteilt werden, was er nötig hat. Doch Benedikt rechnet damit, dass Schwächere mehr brauchen als Starke. Darauf solle man Rücksicht nehmen. „Wer darum wenig braucht, danke Gott und sei nicht traurig; wer aber mehr braucht, demütige sich wegen seiner Armseligkeit und überhebe sich nicht wegen einer Vergünstigung" (RB 34,3f.). Keiner soll sich über den anderen stellen. Jeder Einzelne ist herausgefordert, sich ehrlich mit den eigenen Bedürfnissen auseinander zu setzen. Wenn er ständig mehr braucht als der Durchschnitt, dann könnte er sich fragen, worauf sein übergroßes Bedürfnis hinweist. Vielleicht ist er in der Kindheit zu kurz gekommen. Vielleicht benutzt er die Bedürfnisse nach Besitz und Zuwendung, um seine mangelnde Spiritualität auszugleichen. Benedikt gibt sich nicht einfach damit zufrieden, dass jeder seine Bedürfnisse erfüllen darf. Jeder soll sich auch ehrlich mit seinen Bedürfnissen konfrontieren. Dann wird er im konkreten Zusammenleben, im Umgang mit Besitz, mit Essen und Trinken seine eigene Seele und seinen Leib immer besser kennen lernen. Es ist wichtig, dass jeder seine Bedürfnisse eingesteht. Aber er darf keine Ideologie der Bedürfnisbefriedigung entwickeln. Wenn er meint, das Kloster müsse alle seine Bedürfnisse zufrieden stellen, dann bleibt er infantil.

Wer seine Bedürfnisse wahrnimmt, muss in aller Freiheit entscheiden, ob er sie unbedingt erfüllen oder ob er lieber verzichten will. Beides hält den Menschen lebendig. Wer alle Bedürfnisse sofort befriedigen muss, der wird – so sagt der Begründer der Psychoanalyse, Sigmund Freud – nie erwachsen. Er wird nie ein starkes Ich entwickeln. Wer aber immer verzichtet, der gerät leicht in ein zwanghaftes Verhalten. Er wird seine Bedürfnisse abschneiden. Die verdrängten Bedürfnisse geraten in den Schatten und wirken von daher destruktiv auf die Seele ein.

Beim Essen gewährt Benedikt den Mönchen zwei gekochte Speisen, „entsprechend den verschiedenen Bedürfnissen. Wer vielleicht von der einen nicht essen kann, sättige sich dann von der andern Speise" (RB 39,1f.). Benedikt nimmt Rücksicht auf die Bedürfnisse, ohne sie zu verabsolutieren. Zugleich warnt er vor Übersättigung. Auch beim Essen gilt das rechte Maß. Aber das Maß ist für jeden Menschen verschieden. Das sich selbst und den anderen zuzugestehen, ist ein wichtiger Schritt auf dem inneren Reifungsweg. Beim Kapitel über das Maß des Getränkes ist Benedikt noch vorsichtiger: „Nur mit einer gewissen Ängstlichkeit bestimmen wir darum das Maß der Nahrung für andere. Die Unzulänglichkeit der Schwachen berücksichtigend glauben wir aber, dass für jeden im Tag eine Hemina Wein genügt" (RB 40,2f.). Am liebsten möchte Benedikt auf Wein verzichten. Doch er weiß, dass er damit seine Mönche überfordern würde. So gesteht er ihnen den täglichen Wein zu, allerdings im rechten Maß. Der Wein erfreut das Herz des Menschen. Nur das Übermaß schadet. Benedikt ist kein Gesundheitsfanatiker. Er geht achtsam mit den Essensregeln um. Und trotzdem setzt er Grenzen.

Bei allen Anweisungen ist für Benedikt entscheidend, dass das Laster des Murrens vermieden wird: „Vor allem zeige sich nie das Übel des Murrens, aus keinem Grund, in keinem Wort und keiner Andeutung" (RB 34,6). Und auch die Anweisungen über das Maß des Getränkes schließt er mit dem Satz: „Vor allem mahnen wir: Man unterlasse das Murren!" (RB 40,9). Das Murren ist innere Auflehnung gegen das Leben, gegen die Mitmenschen und gegen sich selbst. Murren macht krank. Es erzeugt einen Lebensekel. Mit nichts ist man zufrieden. Solche Menschen können sich an nichts mehr freuen. Und weil sie sich nicht mehr freuen können, werden sie krank. Sie meinen, die anderen oder die Verhältnisse seien schuld an ihrer Unzufriedenheit. Doch die Ursache liegt in ihrer Seele. Sie schaffen sich ihr Unglück selbst. „Jeder ist seines Glückes Schmied", sagt das Sprichwort. Der Grund für ein zufriedenes Leben ist in uns selbst. Unsere Einstellung zu den Menschen und Dingen führt zum inneren Frieden oder Unfrieden. Dankbar sein ist die Voraussetzung psychischer und physischer Gesundheit. Murren ist das Gegenteil. Es spaltet den Menschen. Es durchdringt seine Seele mit Bitterkeit. Die Bitterkeit lässt sich sogar im Körper oft als Übersäuerung messen. Sie tut weder dem Leib noch der Seele gut. Für Benedikt sind der innere Friede, die Dankbarkeit und die Freude am Leben die Voraussetzung für seine gesunde Lebenskultur. Die äußere Ordnung und Beschränkung des Lebens sind für den Mönch eine wichtige Herausforderung, den Grund für seine Zufriedenheit in sich selbst zu finden. Wenn die äußeren Möglichkeiten begrenzt sind, dann entdecke ich in mir den Reichtum meiner Seele. Ich lerne, dankbar zu sein für das, was ist.

Ein Mediziner hat festgestellt, dass die Tagesordnung, die Benedikt für seine Mönche aufstellt, dem natürlichen Biorhythmus des Menschen entspricht. Das zeigt, dass es Benedikt nicht um äußere Normen geht, sondern um ein angemessenes Leben, um eine Lebenskultur, die heilend auf alle Bereiche des Menschen einwirkt. Nach der antiken Medizin sind es sechs Regelkreise, die gebührend berücksichtigt werden müssen: 1. Licht und Luft; 2. Trank und Speise; 3. Bewegung und Ruhe; 4. Schlaf und Wachen; 5. Absonderungen und Ausscheidungen; 6. Die Affekte der Seele (Emotionen und Leidenschaften). Benedikt nimmt in seiner Regel auf diese sechs Bereiche Rücksicht. Das ganze Leben soll so geordnet werden, dass es der Natur des Menschen entspricht. Heute würden wir uns eine andere Ordnung geben als die der Regel. Benedikt hätte nichts dagegen. Aber er ist davon überzeugt, dass ohne eine sinnvolle Strukturierung des Lebens und ohne gesunde Lebenskultur seelische und körperliche Gesundheit nicht möglich ist. Heute findet Benedikt auch in der Gesellschaft viele Anhänger. Die Überzeugung wächst, dass die Kunst des gesunden Lebens für das Wohl der Menschheit unabdingbar ist.

III.

BENEDIKTS BEDEUTUNG FÜR HEUTE

Auch wenn Benedikts geschichtliche Konturen nicht so deutlich erkennbar sind wie die anderer Heiliger, so entfaltet seine Spiritualität doch eine lange und intensive Wirkungsgeschichte bis in unsere Zeit hinein. Unsere Liturgie ist von benediktinischem Geist geprägt. Die abendländische Kunst verdankt den Benediktinerklöstern viele Impulse. Seit jeher pflegen die Benediktiner die Musik, nicht nur den gregorianischen Choral, sondern auch polyphone Kirchenmusik. Das abendländische Arbeitsethos hat seine Wurzeln in der benediktinischen Sicht von Gebet und Arbeit. Die Spiritualität Benedikts hat nicht nur in den Klöstern gewirkt, sondern über sie hinaus. Wenn die Äbte des Mittelalters häufig Gerichtsherren über ihre Gebiete waren, so hat sich dadurch die Regel mit ihrer römischen Rechtsauffassung und mit ihrer weisen discretio auch auf die Ausformung des abendländischen Rechts ausgewirkt. Noch auf vielen anderen Gebieten könnte ein Historiker die Wirkungsgeschichte Benedikts feststellen. Doch mir liegt es nicht, mich nur auf den Lorbeeren der Vergangenheit auszuruhen.

Für mich ist die entscheidende Frage, die uns Mönche bei unseren gemeinsamen Gesprächen immer wieder umtreibt: Was hat Benedikt unserer Zeit zu sagen? Welche Antwort können wir Mönche im Geist Benedikts auf die Fragen unserer Zeit geben? Auf welche Probleme sollten wir reagieren? Wie können wir die Botschaft Benedikts so formulieren, dass sie ihre heilende und versöhnende Kraft auch heute zu entfalten vermag? Denn offensichtlich hat Benedikt mit seiner Spiritualität vor 1500 Jahren sehr sensibel auf die Fragen der Völkerwanderungszeit und auf den Zerfall der griechisch-römischen Kultur geantwortet. In der Geschichte gibt es immer wieder ähnliche Zeiten. Unsere multikulturelle Gesellschaft und die Mobilität unserer Zeit entsprechen der bewegten Zeit des 6. Jahrhunderts.

Wenn ich nun versuche, einige Aspekte benediktinischer Spiritualität zu beschreiben, die mir für unsere Zeit heilsam erscheinen, dann ist die Auswahl subjektiv. Was mir persönlich auf meinem spirituellen Weg wichtig geworden ist, das sehe ich auch als hilfreich an für die Menschen, die ich auf ihrem Weg begleite. Doch auch meine Zeitdiagnose ist natürlich sehr begrenzt. So kann es nur darum gehen, aus der benediktinischen Spiritualität einige Schwerpunkte herauszugreifen, um den suchenden Menschen innerhalb und außerhalb der Klöster Orientierung auf ihrem Weg zu geben. Es freut mich immer wieder, wenn ich bei Gästen spüre, dass das, was mich bewegt, auch ihnen auf ihrem Weg weiter hilft. So vertraue ich darauf, dass auch die folgenden Gedanken gerade die Menschen mitten in der Welt berühren und ihnen ein Gespür für die Kunst des gesunden Lebens vermitteln, in die die Regel des hl. Benedikt einführen möchte.

1. Geerdete Spiritualität

Was Benedikt mit seinem Reifungsweg der Demut meint, das nenne ich heute geerdete Spiritualität. Spiritualität braucht den Kontakt zur Erde. Nur wer sich hinabbeugt bis zur Erde, für den öffnet sich der Himmel. Ich erlebe bei vielen Frommen heute eine Spaltung. Sie haben hohe Ideale. Sie schwärmen davon, die Liebe Gottes zu leben und sich selbstlos für die Menschen einzusetzen. Doch ihre Wirklichkeit entspricht nicht ihren Idealen. Um diesen Zwiespalt zu überbrücken, verdrängen sie ihre Wirklichkeit. Sie verdrängen ihre Aggressionen, ihre Sexualität, ihren Masochismus und Sadismus, ihre Emotionen und ihre Bedürfnisse. Doch das Verdrängte wirkt sich negativ auf die Psyche aus. Der Mensch wird dann unbewusst von seinem Schatten aus gesteuert. Wer seine Sexualität verdrängt, merkt gar nicht, wie er in seiner Frömmigkeit brutal wird, sich selbst und anderen gegenüber. Die unterdrückte Sexualität äußert sich häufig in einer übertriebenen Geltungssucht. Ein Bankdirektor, der viel mit Klerikern zu tun hat, erzählte mir, wie er sich oft über die Eitelkeit der Priester wundert. Darin leben sie ihre unterdrückte Sexualität aus.

Wer meint, selbstlos nur für andere da zu sein, übt oft unbewusst Macht aus. Er argumentiert damit, dass man doch einander lieben und daher das Streiten unterlassen sollte. Doch damit unterdrückt er jede Kritik. Wer seine Bedürfnisse abschneidet, dessen Spiritualität bekommt oft aggressive Züge. Die Aggressivität gegen sich selbst führt zur Härte anderen gegenüber. Wer seine eigenen Zweifel unterdrückt, kämpft gegen alle, die nicht oder anders glauben, und gegen die, die einen anderen spirituellen Weg gehen. Nur wer den Mut findet, hinabzusteigen in das Schattenreich seiner eigenen Verdrängungen, wird von solcher Spaltung frei. Er wird barmherzig mit sich und mit anderen umgehen. Er wird seine verdrängten Seiten nicht mehr auf andere projizieren, sondern gemeinsam mit ihnen den Weg der inneren Verwandlung gehen.

Geerdete Spiritualität bedeutet für mich noch etwas anderes. Sie hat konkrete Formen. Sie spielt sich nicht nur im Kopf oder in den Emotionen ab. Sie schwebt nicht über der Realität, sondern findet in der Wirklichkeit des Alltags ihren Ausdruck. Sie drückt sich aus in heilenden Ritualen und in einer christlichen Lebenskultur. Ich erlebe heute viele Christen, die von Gott und ihren spirituellen Erfahrungen schwärmen. Aber ihr Leben spiegelt nichts von Gott wider. Ihre Frömmigkeit verändert ihr Leben nicht. Sie wird nicht nach außen hin sichtbar. Der spirituelle Weg braucht ganz konkrete Formen, um für andere sichtbar zu werden, aber vor allem, um uns selbst zu verwandeln. Wir brauchen eine christliche Lebenskultur. Der Geist will Fleisch werden. Spiritualität braucht Sichtbarkeit. Es überzeugt die Menschen heute nicht, wenn ein Prediger von der Liebe Gottes spricht, sein Gesicht aber Brutalität ausstrahlt. Es wirkt nicht, wenn einer vom vertrauensvollen Glauben schwärmt, seine hochgezogenen Schultern aber Angst ausdrücken. Die Menschen wollen Spiritualität sehen und erfahren.

Es gibt die schöne Geschichte von einem jüdischen Rabbi, zu dem man nicht fuhr, um seine Lehre zu hören, sondern um zu sehen, wie er seine Schuhe schnürt. Im achtsamen Schnüren seiner Schuhe erkannten die Leute, dass das ein spiritueller Mensch war. Den Menschen geht es heute nicht in erster Linie um die Richtigkeit der Worte, sondern um die Ausstrahlung eines Menschen. An seinem Leib, an seinen Augen, an seiner Begegnung mit den Menschen und an seinem Umgang mit den Dingen zeigt sich, ob er wirklich durchdrungen ist vom Geist Gottes. Wenn ich zur Aushilfe in einer Pfarrei den Gottesdienst halte, merke ich an der Sakristei, ob die Spiritualität in dieser Gemeinde stimmt. Wenn da die Kelche und Kelchtücher schmutzig sind, dann spüre ich die Unachtsamkeit, die sich auch in die Begegnung mit Gott einschleicht. In dieser Gemeinde werden zwar Gottesdienste gehalten. Aber es wird so unsensibel von Gott gesprochen, so unachtsam mit den Riten und den liturgischen Geräten umgegangen, dass da nichts auf die Menschen überspringen kann. Nicht in dem, was wir verkünden, wird unser Glaube sichtbar, sondern in dem, was wir sind, was wir nach außen hin ausstrahlen.

Die geerdete Spiritualität Benedikts nimmt die Erde ernst. Hier auf Erden zeigt sich, ob der Himmel über uns offen steht.

In meinem Fleisch will sich ausdrücken, dass Gott in mir wohnt. In meiner Lebenskultur drückt sich aus, ob ich spirituell bin oder nicht. Die geerdete Spiritualität hat aber auch einen gemeinsamen Aspekt. Sie schafft – wie Norbert Lohfink es ausdrückt – eine christliche Gegenkultur, eine spirituelle Alternativszene. Sie hat Öffentlichkeitscharakter. Sie wird sichtbar etwa in der Art, wie Gottesdienst gefeiert wird. Da können die Menschen Spiritualität sehen oder aber nicht. Die geerdete Spiritualität Benedikts wird sichtbar in der Art und Weise, wie die Gebäude aussehen, wie die Zimmer eingerichtet sind, wie der Garten angelegt ist, wie Gäste empfangen werden, wie die Menschen miteinander umgehen. Für manche mag das als äußere Reglementierung erscheinen. Aber Benedikt mahnt uns heute, uns vor großen Worten zu hüten, wenn die Worte nicht durch das Leben gedeckt sind. Das Wort will Fleisch werden. Christus ist vom Himmel herabgestiegen, um hier auf Erden den Himmel erfahrbar zu machen, um diese Erde wohnlicher und menschlicher zu gestalten. Die Spiritualität muss geerdet werden, um diese Erde verwandeln zu können.

2. Miteinander glauben und leben

Ich erlebe heute eine große Sehnsucht nach Gemeinschaft. Alternative Orden entstehen, weil Menschen das Bedürfnis haben, ihren Glauben gemeinsam zu leben. In der Kirche geht der Trend weg von der großen Volkskirche und hin zu kleinen überschaubaren Gruppen. Freikirchen oder christliche Basisgemeinden verzeichnen großen Zulauf. Doch oft genug wird die Erfahrung einer kleinen Gemeinschaft, in der man sich emotional beheimatet fühlt, durch eine allzu große geistige und geistliche Enge erkauft. Wer den Normen nicht entspricht, wird aus der Gemeinschaft verbannt. Und oft zerbrechen solche kleinen Gemeinschaften wieder. Sie möchten alles miteinander teilen und vergessen, dass nur ein gesunder Ausgleich von Nähe und Distanz eine Gemeinschaft auf Dauer am Leben erhalten kann. Und sie vergessen, dass eine Gemeinschaft ein Ziel braucht, das außerhalb ihrer liegt. Wenn Spiritualität zum religiösen Narzissmus verkommt und Gemeinschaft zur Regression in eine infantile Mutterabhängigkeit, dann wird das Miteinander sich bald auflösen oder in ein Gegeneinander ausarten.

Und trotzdem ist die Sehnsucht nach Gemeinschaft heute berechtigt. In der frühen Kirche galt die Erfahrung des neuen Miteinanders als Beweis, dass durch Jesus das Reich Gottes wirklich unter uns angekommen ist. Sowohl die Kirche als auch der Staat leiden heute darunter, dass es immer schwieriger wird, die verschiedenen Gruppierungen zusammen zu bringen. Die Kirche zerfällt in konservative und progressive Gruppen. Die spirituellen Neuaufbrüche bilden kleine Zirkel, die sich von der Kirche mehr und mehr abspalten und ein Sonderdasein führen. Benedikt hat uns wesentliche Hilfen geschenkt, die ein Miteinander im Glauben ermöglichen. Die eine Hilfe besteht in einer klaren Struktur. Die Gemeinschaft braucht eine Struktur. Es genügt nicht, sie nur auf emotionaler Nähe aufzubauen. Sie braucht Klarheit. Die Machtverhältnisse müssen geregelt sein. Die Kommunikation muss fließen. Die Gemeinschaft braucht ein Ziel, das größer ist als sie selbst. Das ist für Benedikt einmal die Gottsuche, zum andern Christus, dem man nichts vorziehen darf. Christus ist die eigentliche Mitte, die eine Gemeinschaft zusammenhält. Und Gemeinschaft braucht die Ehrfurcht vor dem Einzelnen. Diese Ehrfurcht gründet bei Benedikt im Glauben an Christus im Bruder und in der Schwester. Nur wenn ich im anderen das Geheimnis sehe, kann ich auf Dauer gut mit ihm oder mit ihr zusammen leben. Nur dann wird es eine gesunde Spannung zwischen den Gliedern einer Gemeinschaft geben, eine Spannung, die Energie erzeugt. In manchen spirituellen Gemeinschaften ist eine depressive Stimmung zu beobachten. Da es keine Spannung gibt, keine Grenzen zwischen den Einzelnen, wird ein emotionaler Brei erzeugt, in dem sich keiner mehr auskennt. Doch dieser Brei wird sich auf alles legen, was die Einzelnen tun. Er wird das Leben immer mehr verhindern.

Gerade heute hat die Kirche die Aufgabe, in unserer zerstrittenen Welt ein Modell gelingenden Miteinanders zu sein. Doch die Kirche zeichnet sich derzeit nicht durch Kommunikationsfähigkeit aus, sondern eher durch Mangel an Gesprächsfähigkeit. Das gilt aber nicht nur für die Großkirche, für Papst und Bischöfe in ihrem mangelnden Dialog miteinander und mit den Gläubigen. Es gilt auch für spirituelle Gruppen. Ich erlebe heute viele Gruppen, die in ihren Prospekten einen hohen spirituellen Anspruch verkünden. Sie glauben, die Spiritualität gefunden zu haben, die heute gefragt ist. Aber wenn man genauer hinschaut, merkt man, dass in dieser Gruppe sehr autoritäre Züge herrschen, dass das Miteinander große Defizite aufweist. Die geerdete Spiritualität Benedikts mahnt uns, den Mund nicht zu voll zu nehmen. An der Art und Weise, wie wir gemeinsam unseren spirituellen Weg gehen und wie wir in der Gemeinschaft die alltäglichen Konflikte angehen, zeigt sich, ob unsere Spiritualität stimmt oder nicht. Auch viele Ordensgemeinschaften leiden an ihrer Sprachlosigkeit. Sie halten an ihren Ordensidealen fest. Aber die Gemeinschaft ist unfähig, miteinander angemessen zu kommunizieren.

Die wichtigste Aufgabe der Kirche wäre heute, ein neues Miteinander von Armen und Reichen, von Männern und Frauen, von Progressiven und Konservativen, von Alten und Jungen, von Klerikern und Laien, von Einheimischen und Fremden vorzuleben. Dabei nützen moralische Appelle wenig. Die Kirche müsste die Demut aufbringen, in die Schule der Gruppendynamik und der Kommunikationsforschung zu gehen, um

Modelle zu erlernen, wie die verschiedensten Gruppen miteinander kommunizieren können. Da braucht es eine neue Sprache, in der man sich verständigen kann. Und es braucht Achtsamkeit für den anderen, die Kunst zuzuhören, die Bereitschaft, die eigene Meinung zu relativieren und sich auf Kompromisse einzulassen. Nur wenn diese psychologischen und soziologischen Bedingungen beachtet werden, wird auch der gemeinsame Gottesdienst seine gemeinschaftsstiftende Wirkung entfalten können. Miteinander Gottesdienst zu feiern ist in unserer zerrissenen Welt nicht so einfach. Denn in den Gottesdienst bringen die Menschen ihre Unfähigkeit mit, sich auf andere einzulassen. Sie kommen mit ihren Vorurteilen und Ressentiments, mit ihrem Individualismus und Freiheitsdrang. Und dennoch liegt gerade im gemeinsamen Gottesdienst eine große Chance, jeden Sonntag Menschen verschiedener Ausrichtung zusammen zu führen. Aber es braucht große Achtsamkeit, um aus den vielen Menschen, die da zerstreut in der Kirche sitzen, eine Gemeinschaft zu formen. Wenn der Priester die Menschen nur auffordert, aufeinander zuzugehen, wird er keine Gemeinschaft formen, sondern eher Widerstände wecken. Die Kommunikation geht von oben aus. Die Art und Weise, wie der Priester die Gemeinde anspricht, wie er sie in den Gottesdienst einbezieht, wird gemeinschaftsfördernd oder -hemmend wirken.

Die Kirche hat in ihrer Geschichte Erfahrung mit gemeinsamen Gottesdiensten gesammelt. Diesen Schatz der Erfahrung müsste sie heute neu heben, um ihn für unsere Zeit fruchtbar zu machen. Die Regel Benedikts könnte dazu einen wichtigen Beitrag leisten. Gemeinschaft entsteht, wenn die Menschen miteinander feiern und singen, wenn sie sich gemeinsam von etwas Größerem berühren lassen, wenn sie miteinander aufschauen zu dem, den jeder in seinem Herzen sucht, zu Jesus Christus, der uns aufrichtet und heilt. Nicht moralische Appelle verbinden, sondern die gemeinsame Erfahrung.

3. Der Primat Gottes:
Einweisung in die Erfahrung Gottes

Benedikt teilt die Leidenschaft des frühen Mönchtums, ein Leben lang den geheimnisvollen und unbeschreiblichen Gott zu suchen. Gott allein kann die Sehnsucht des Menschen erfüllen. Daher wird der Mensch erst ganz zum Menschen, wenn er sich aufmacht, Gott zu suchen, wenn er sich selbst übersteigt auf Gott hin. Gott suchen ist etwas anderes als glauben, was die Kirche lehrt. Gott suchen hat mit Erfahrung zu tun. Das deutsche Wort „suchen" kommt aus der Jagdsprache. Ich suche die Spur, die ich spüre. Ich spüre dieser Spur nach, die ich in der Nase habe. Ich mache mich auf den Weg. Ich gehe aus mir und meiner Bequemlichkeit heraus. Ich wage den Weg durch das Gestrüpp hindurch, durch unwegsame Hügellandschaften, durch Wüstenstrecken und Urwald hindurch. Ich lasse mich nicht vom Weg abbringen, weil die Ahnung von Gott mich auf den Weg schickt.

Heute beobachte ich eine große Gottessehnsucht. Viele Christen sind es leid, immer nur über kirchliche Struktur- und Machtprobleme zu sprechen. Sie möchten den suchen, der ihre tiefste Sehnsucht zu erfüllen vermag. Benedikt hält den Primat Gottes hoch. Ihm geht es in erster Linie um Gott. Der Mönch ist der, der wahrhaft Gott sucht. Die vielen Gäste, die in unser Kloster kommen, möchten teilhaben an der Gottsuche. Sie begnügen sich nicht damit, eine gesunde Theologie zu hören. Sie möchten Gott erfahren. Sie verlangen nach einer Mystagogie in die Erfahrung Gottes, nach einer Einweisung in das Geheimnis Gottes. Wir werden den Menschen heute nicht gerecht, wenn wir sie nur mit moderner Theologie abspeisen. Sie wollen nicht Lehren und Meinungen hören, sondern Erfahrungen spüren. Sie möchten teilhaben an der Gotteserfahrung anderer.

Die Kirche hat heute ihre spirituelle Kompetenz verloren. Sie ist für viele nicht mehr der Ort, an dem sie Gott suchen, an dem sie Gott erfahren können. Vordergründige Probleme ziehen alle Aufmerksamkeit auf sich: die Abtreibungsfrage, die Frage nach kirchlichen Strukturen, nach dem Zölibat, nach dem Papsttum, nach dem Priesteramt usw. Doch wir dürfen die Menschen nicht um Gott betrügen. Gott ist ihre Sehnsucht. Benedikt ist für uns heute eine Herausforderung, uns der Gottesfrage neu zu stellen, nicht theoretisch, sondern praktisch: Wer ist dieser Gott für mich? Wie kann ich diesen Gott erfahren? Wenn ich diesen Fragen nachgehe, werde ich zugleich auf die Frage gestoßen: Wer bin ich selbst? An der Gottesfrage hängt die Frage nach dem Menschen. Die Identität des Menschen ist heute genauso fraglich geworden wie das Geheimnis Gottes. Was heißt menschliches Leben? Wie gehe ich damit um? Liegt es in meiner Macht? Kann ich es beenden, wann und wie ich will? Diese Fragen kann man genauso wenig theoretisch beantworten wie die Gottesfrage. Es geht um die Erfahrung des Menschen. Wie komme ich in Berührung mit mir und meinem eigentlichen Geheimnis? Wie komme ich in Berührung mit Gott? Nur wer sich selbst spürt, vermag auch Gott zu spüren. Nur wer sich selbst begegnet, wird auch Gott begegnen. Wenn ich Gott begegne und in Gott mir selbst, dann weiß ich, was menschliches Leben ist. Dann werde ich mich nicht mehr in theoretische Diskussionen verwickeln, was ich darf und was nicht, was erlaubt ist und was nicht. Dann werde ich als Mensch leben. Und das haben wir heute bitter nötig, wo alle Maßstäbe in Frage gestellt werden. Die Maßstäbe werden angefragt, weil die Menschen nicht mehr mit sich in Berührung sind. Alles wird fraglich für den, der den Kontakt zu sich verloren hat.

Die Frage nach Gott offen zu halten bedeutet nicht, fertige Antworten über das Wesen Gottes und des Menschen zu geben. Es geht vielmehr darum, sich auf den Weg zu machen und zu erkunden, was das Geheimnis des menschlichen Lebens ist.

Wenn ich den Menschen zu Ende denke, dann stoße ich auf Gott. Heute sind es oft gerade nicht die Kirchen, die die Frage nach Gott offen halten, sondern eher die Psychotherapie und die Kunst. Die Basler Psychotherapietage 2001 standen unter dem Titel „Psychotherapie und Religion – zwei mögliche Wege auf der Suche nach dem Sinn?". Psychotherapeuten entdecken, dass die Menschen immer auch religiöse Fragen mit in die Therapie bringen. Die Gottesfrage treibt viele um, die nach dem Sinn ihres Lebens suchen. Sie ahnen, dass es noch eine andere Dimension in ihrem Leben geben muss als nur die Heilung der vergangenen Verletzungen. Die transpersonale Psychologie hat erkannt, dass die religiöse Sehnsucht genauso wesentlich zum Menschen gehört wie die Sexualität. Und nur wenn sich die Psychologie auch um die spirituelle Dimension des Menschen kümmert, wird sie seiner Seele gerecht.

Viele Dichter halten die Frage nach der Transzendenz offen. Sie sprechen nicht direkt von Gott. Doch sie beschreiben den Menschen so, dass er ohne Gott nicht verstanden werden kann. Bildhauer und Maler formen den Menschen, der sich nach Gott ausstreckt. Filmregisseure lassen sich immer wieder von religiösen Themen inspirieren. Sie wollen keine letzte Antwort auf die Frage nach Gott geben. Aber sie weisen in ihren Bildern über das Sichtbare hinaus auf das Unsichtbare. Sie rebellieren gegen allzu platte Oberflächlichkeit. Gerade die sensiblen Filmemacher lassen dem unsichtbaren und unbegreiflichen Gott einen Raum offen, der nicht besetzt wird durch eindeutige Aussagen. Gott schwebt über allem, ohne dass er sichtbar erscheint, ohne dass sein Gesicht klare Konturen zeigt. Und doch kann man manche Filme nicht anschauen, ohne vom Geheimnis berührt zu werden.

Von der Kunst und von der Psychologie müsste die Theologie wieder lernen, so von Gott zu sprechen, dass die Menschen sich nach der Erfahrung Gottes sehnen, dass sie in ihrem Herzen berührt werden. Die Frage nach Gott ist die zentrale Frage für den heutigen Menschen. Denn daran liegt es, ob der Mensch gesund und heil wird. Gott – so sagt C. G. Jung – ist der stärkste Archetyp. Wenn dieser Archetyp ausgeklammert wird, kann der Mensch nicht zu seinem eigenen Wesen finden. Ohne Gott gelingt das menschliche Leben nicht. Oft genug ist die kirchliche Rede von Gott banal, besserwisserisch, ohne Gespür für das Geheimnis, für das Unaussprechliche. Benedikt fordert uns heute auf, nicht nur von Gott zu sprechen, sondern so zu leben, dass unser Leben ohne Gott unverständlich bleibt, dass unser Leben die Menschen auf Gott verweist.

4. Das Menschenmögliche tun:
Der Optimismus Benedikts

Der französische Philosoph Pascal Bruckner sieht als Kennzeichen unserer Zeit eine infantile Wehleidigkeit. Es gibt eine Jammerkultur. Gerade in kirchlichen Kreisen gibt es bei Vortragsveranstaltungen oder Seminaren das neue Ritual, seine Empfindlichkeit zu zelebrieren. Man sieht nur die Probleme und die Verletzungen. Die Verwundungen der eigenen Lebensgeschichte werden zu einer Brille, so dass man jedes Wort als neue Verletzung auslegt. In einem solchen Klima der Wehleidigkeit lassen sich keine Probleme lösen. Da öffnet sich kein Blick in die Zukunft. Da entsteht keine Hoffnung. Grund dieser depressiven Wehleidigkeit als Grundgefühl unserer Zeit ist nach Bruckner der Infantilismus und die Victimisierung. Der Mensch der Zukunft ist ein alterndes Riesenbaby, das Riesenerwartungen an die Gesellschaft hat, das aber nicht bereit ist, Verantwortung für sich selbst und für diese Welt zu übernehmen. Und Bruckner beobachtet eine zunehmende Victimisierung, d. h. man fühlt sich ständig als Opfer. Schuld sind immer die anderen. Es ist unmöglich, dass ich selber schuld bin an meiner Misere. Ich fühle mich als Opfer meiner Erziehung, als Opfer der politischen und gesellschaftlichen Verhältnisse, als Opfer meines Chefs. Man bleibt lieber auf der Anklagebank und klagt die an, die einem das Leben so schwer machen. Aber man weigert sich, das Leben selbst in die Hand zu nehmen. Man erwartet sich offensichtlich von einem Richterspruch, der einen als Opfer bestätigt, die Besserung seines Lebens. Wenn man Recht hat, dann hat man einen Grund dafür, dass es einem schlecht geht. Es ist die Aufgabe der Gesellschaft und der Kirche, der Wirtschaft und der Kommunen, dafür zu sorgen, dass es mir besser geht. Doch dieser Weg führt in die Irre. Benedikt zeigt einen anderen Weg.

Die Situation zur Zeit des hl. Benedikt war politisch und gesellschaftlich sicher noch schwieriger als die heutige. Es war die Zeit der Völkerwanderung. Neue Völker strömten nach Italien ein und verwüsteten die Felder. Das Römische Reich zerfiel. Die Kultur der Antike hatte nicht mehr die Kraft, die neuen Völker zu formen. Es entstand ein geistiges Vakuum. Die wirtschaftlichen Verhältnisse waren trostlos. Man hatte kein Vertrauen mehr, das Feld zu bebauen, weil man ständig damit rechnen musste, dass eine neue Zerstörungswelle die Ernte zunichte machte. Auch die Kirche war in sich gespalten. Die arianische Irrlehre riss die Kirche auseinander und beraubte sie ihrer einheitsfördernden Kraft. Es war nicht nur der Kampf zwischen Arianern und Katholiken, auch innerhalb der katholischen Kirche gab es Konflikte und das Schisma zwischen byzantinerfreundlichen und römisch orientierten Gruppen. Die Kirche war in der Verfallszeit des Römischen Reiches kein Ort der Orientierung und des Haltes.

In dieser orientierungslosen und zerrissenen Welt hat Benedikt sein Kloster gebaut und für seine Mönche eine Regel geschrieben. In seiner Regel ist nichts von der Trostlosigkeit seiner Zeit zu spüren. Benedikt hielt sich nicht damit auf, die schwierigen Verhältnisse zu beklagen. Er baute eine kleine Gemeinschaft auf, die aus eigener Kraft leben konnte. Von dieser Gemeinschaft, die versuchte, miteinander in Frieden zusammen zu leben, ging eine Ausstrahlung aus, die auch für die verfeindeten Gruppen in ihrer Umgebung heilend war. Benedikt schuf einen Ort des Friedens und der Hoffnung mitten in den Wirren seiner Zeit. Und von diesem Ort strahlte der Friede hinein in die zerstrittene Welt. Mitten in der wirtschaftlichen Trostlosigkeit ging Benedikt daran, mit seinen Mönchen die Felder zu bebauen und in den Werkstätten handwerkliche Kunst zu betreiben. Von der Arbeit dieser kleinen Gruppe ging eine kultivierende Wirkung auf das ganze Abendland aus. Die Benediktiner wurden zu Trägern der abendländischen Kultur, und deshalb hat Papst Paul VI. den hl. Benedikt zurecht zum Patron Europas ernannt.

Im Zeitalter der Globalisierung meinen viele, man könne nichts ändern. Die Macht liege in der Hand der Großkonzerne und der Banken. Man könne sich dem Trend nicht entziehen und müsse mitmachen, ob man wolle oder nicht. Benedikt hat gezeigt, dass ein paar Menschen, die anders denken, eine Gegenbewegung erzeugen können. Einer allein kann sich heute sicher nicht gegen die Entwicklung stemmen. Aber wenn ein paar Menschen miteinander einen Weg gehen, hat das Auswirkungen auf die ganze Welt. Wir können die Entwicklung beeinflussen. Die Ideen, die wir äußern, schlagen Wellen. Die Gruppe, die wir bilden, strahlt aus. Die Kultur, die wir schaffen, wird sichtbar in dieser Welt. Und wenn sie gesehen wird, wird sie auch ihre Wirkung entfalten. Benedikt hat sein Kloster auf dem Berg gebaut. Er wollte gesehen werden. Auch wenn er den Weg der Demut gepredigt hat, so hat er die Demut doch nicht so verstanden, dass die Mönche ihr Leben vor den anderen verstecken sollten. Das Kloster sollte sein Licht nicht unter den Scheffel stellen, sondern auf den Leuchter. „Eine Stadt, die auf einem Berg liegt, kann nicht verborgen bleiben" (Mt 5,14). Heute hätte Benedikt sich wohl im Internet präsentiert und in den Medien von seiner alternativen Gemeinschaft berichtet. Zumindest hätte er sich in der Öffentlichkeit gezeigt. In der Kirche ist es modern, über die Medien zu schimpfen, anstatt sich ihrer zu bedienen, um über sie die christliche Botschaft der Hoffnung und des Friedens zu verkünden. Die Kirche erlebt heute schmerzlich, dass sie keine Volkskirche mehr ist, dass sie nicht mehr das Bewusstsein der Öffentlichkeit prägt. Doch darf sie nicht dabei stehen bleiben, den Verlust ihres Einflusses zu beklagen. Sie sollte nach Formen suchen, wie sie heute Sauerteig für diese Welt sein kann. Im Sinne Benedikts geht es nicht nur darum, die christliche Botschaft in einer Sprache zu verkünden, die die Menschen heute berührt, sondern auch um alternative Modelle, die die Kirche vorlebt und die ansteckend auf andere wirken.

Die frühen Mönche gingen in die Wüste, weil sie dort den Herrschaftsbereich der Dämonen sahen. Sie wollten die Dämonen dort bekämpfen, wo sie ihre Domäne hatten. Sie glaubten, dass die ganze Welt heller würde, wenn sie den Ort der Finsternis in der eigenen Zelle mit Gottes Licht erfüllten. So ist der spirituelle Weg, den der Einzelne geht, von Bedeutung für die ganze Welt. Wir alle sind miteinander verwoben. Ein Gedanke, der einmal geäußert wird, schlägt Wellen. Der spirituelle Weg, der einen Menschen verwandelt, verwandelt durch diesen Menschen auch andere, die ihm begegnen. Was die Mönche tun, ist nicht nur ihr Privatvergnügen. Sie verstehen ihr Chorgebet auch als stellvertretendes Beten für alle, die vor Gott verstummt sind. Sie verstehen auch ihren spirituellen Weg immer als einen Weg, den sie in Verantwortung für diese Welt gehen. Sie haben sich aus der Welt zurückgezogen. Aber sie haben die Verantwortung für diese Welt nicht den Mächtigen überlassen. Sie übernehmen auf ihre Weise Verantwortung für den Zustand der

Welt. Sie haben sich aus dem Lärm der Welt zurückgezogen, um diese Welt von innen heraus zu erhellen und zu verwandeln. Sie lenken ihr Augenmerk vor allem auf die Verwandlung des eigenen Herzens. Sie stellen sich ihren Leidenschaften und Emotionen. Indem sie die Umwelt vor ihren negativen Emotionen schützen, betreiben sie geistigen Umweltschutz. In vielen Firmen wird nicht nur das ökologische Gleichgewicht zerstört, sondern auch emotionale Umweltverschmutzung betrieben. Wenn der Chef seine Firma mit verdrängten Emotionen vergiftet, dann kann von einer solchen Firma nichts Heilendes ausgehen. Der Weg der Mönche war zunächst die Auseinandersetzung mit sich selbst, mit den eigenen Gedanken und Gefühlen. Aber die Mönche verstanden diesen Kampf immer schon stellvertretend für die Welt. Und sie vertrauten darauf, dass dort, wo das Licht über die Finsternis siegt, die ganze Welt heller wird. Sie hatten immer ihre Verantwortung für die ganze Welt im Blick. Wenn sie sich einfach treiben ließen, so war das nicht ihr Privatvergnügen, sondern hatte negative Auswirkungen auf die Welt. Doch ihr ehrlicher Kampf mit den Dämonen machte diese Welt wohnlicher für viele Menschen.

Jede Familie entwickelt eine Familienkultur, jede Firma ein Unternehmensklima, jedes Dorf eine Dorfatmosphäre. Die Familienkultur wirkt sich auf andere aus. Wie ein Unternehmen etwa mit kranken Mitarbeitern oder mit Ausländern umgeht, das hat Auswirkungen auf die Umgebung. Wie ein Bürgermeister seine Gemeinde leitet, davon hängt ab, wie die Leute in der Gemeinde miteinander umgehen. Da wird ein Klima des Miteinanders erzeugt, das entweder heilend oder zerstörend ist, aufbauend oder niederreißend. Walter Nigg hat Benedikt einen bauenden Menschen genannt, nicht weil die Benediktiner in ihrer Geschichte viele Bauten errichtet haben, sondern weil Benedikts Geist aufbauend wirkt. Von Benedikt können wir heute lernen, dort, wo wir stehen, christliche Formen des Miteinanders aufzubauen, eine christliche Lebenskultur zu schaffen, die wie ein Sauerteig in die Gesellschaft einwirkt. Wir sind nicht machtlos. Jeder hat mit seinem Leben, das er voller Überzeugung lebt, Macht. Wir haben im christlichen Bereich leider Macht immer negativ gesehen. Doch wir sollten der Macht trauen, die Gott uns gegeben hat. Jesus hat mit Vollmacht gepredigt. Von ihm ist auch eine Bewegung ausgegangen, die die ganze Welt verwandelt hat. Benedikt vertraut darauf, dass seine Mönche, die Jesus nachfolgen, auch teilhaben an dessen Vollmacht. Er hat ein anderes christliches Selbstbewusstsein, als es heute in der Kirche sichtbar wird. Heute meinen viele Christen, sie müssten sich entschuldigen, Christ zu sein und dieser Kirche anzugehören, die in der Öffentlichkeit ein so jämmerliches Erscheinungsbild abgibt. Benedikt wusste, dass seine Gemeinschaft nicht perfekt war. Er war nüchtern genug, sich den täglichen Konflikten zu stellen. Aber er vertraute, dass eine Gemeinschaft, die sich der eigenen Unzulänglichkeit stellt und zugleich offen ist für den Geist Jesu, neue Formen des Miteinanders schafft, die für die ganze Welt von Bedeutung sind.

5. Schöpfungsspiritualität

Unsere Welt ist heute von einer neuen Sensibilität für die Schöpfung geprägt. Das ökologische Bewusstsein wächst. Die ökologische Bewegung ist außerhalb der Kirche entstanden, obwohl sie genuin christliches Gedankengut aufgreift. Matthew Fox sieht einen Grund für die mangelnde Führerschaft der Kirche in der Ökologiebewegung in der einseitigen Betonung von Erlösung. Die christliche Spiritualität sei vor allem Erlösungsspiritualität gewesen. Diese Spiritualität geht davon aus, dass der Mensch schuldig ist, dass er von Grund auf böse ist und daher der Erlösung bedarf. Im Tod Jesu am Kreuz weiß er sich von seiner Schuld erlöst. Sicher sind Schuld und Leid Realitäten unserer Welt, denen wir uns stellen müssen. Aber die einseitige Fixierung auf Schuld und Leid führt zu einer eher depressiven Stimmung. Und sie begünstigt das Verdrängen der Aggression als wichtiger Lebensenergie. Die verdrängte Aggression äußert sich in einer latenten Aggressivität. In der Geschichte des Christentums begegnen wir immer wieder aggressiven Impulsen im Umgang mit Andersgläubigen. Manchmal war auch die Spiritualität von einer starken Autoaggression gekennzeichnet. Man wütete gegen sich selbst, ohne Rücksicht auf die Struktur der menschlichen Psyche. Wer gegen sich selbst brutal ist, der geht auch mit den Dingen um sich herum mit unbewusster Härte um. Er hat kein Gespür für Gottes Gegenwart in den Dingen, in der Schöpfung. Benedikts Spiritualität ist frei von aggressiver Stimmung. Der Mönchsvater glaubt an das Gute im Menschen. Er sieht im Menschen nicht zuerst die Schuld, sondern den guten Kern. Jeder Mensch ist von Gott geschaffen und daher gut. Und in jedem begegnen wir Christus. Das ist die Grundlage für die positive und aufbauende Spiritualität Benedikts.

Die Schöpfungsspiritualität geht von der ersten Wohltat Gottes aus, von seiner Schöpfung. Gott hat die Welt gut geschaffen. Und er hat den Menschen als Partner seiner Liebe geschaffen. Die Schöpfungsspiritualität ist geprägt von Dankbarkeit, von Freude an der Schönheit der Schöpfung, von der Fähigkeit, zu staunen und die guten Gaben Gottes zu genießen. Die Tugenden, die sie entfaltet, sind vor allem Achtsamkeit, Ehrfurcht und Liebe. Die Liebe ist nicht in erster Linie moralische Forderung, sondern Antwort auf die Erfahrung der Liebe, die uns in der Schöpfung von Gott entgegenströmt. Gottes Liebe umgibt uns in der Schönheit einer Blume, in der Zärtlichkeit des Windes, in der Wärme der Sonne. Die Liebe, die die Schöpfung durchströmt, möchte auch in uns zum Fließen kommen. Die Reaktion des Menschen auf die Erfahrung der Liebe

Gottes in der Schöpfung ist Achtsamkeit im Umgang mit den Dingen.

Benedikt schreibt in seiner Regel immer wieder von der Achtsamkeit im Umgang mit dem Vermögen und den Werkzeugen des Klosters. Vom Cellerar fordert Benedikt: „Alle Geräte und den ganzen Besitz des Klosters betrachte er als heiliges Altargerät" (RB 31,10). Das Altargerät behandelt der Priester achtsam und voller Ehrfurcht. Es gehört dem göttlichen Bereich an. Es vermittelt Gottes Gnade. Benedikt ist überzeugt, dass alle Geräte heilig sind und dem göttlichen Bereich zugehören. Alle sind von Gott berührt, von Gottes Geist erfüllt. In allen Dingen berühre ich den Schöpfer allen Seins. Gott ist nicht der ferne und weltlose Gott, sondern der Schöpfer, den ich betaste und berühre in dem, was er geschaffen hat.

Mit dem Werkzeug sollen die Brüder sorgfältig und achtsam umgehen. „Wenn einer die Sachen des Klosters verschmutzen lässt oder nachlässig behandelt, werde er getadelt" (RB 32,4). Die Brüder, die den wöchentlichen Küchendienst verrichten, sollen die benutzten Geräte dem Cellerar „sauber und unbeschädigt zurückgeben" (RB 35,10). In unserer Wegwerfgesellschaft mögen diese Forderungen antiquiert erscheinen. Und doch spricht aus ihnen eine große Ehrfurcht vor den Dingen. Man kann die Achtsamkeit im Umgang mit den Dingen nicht nur fordern. Die Frage ist, wie wir zu dieser Achtsamkeit kommen. Nicht indem wir den Menschen ein schlechtes Gewissen predigen, werden wir sie zur Achtsamkeit anleiten. Die erste Bedingung ist, dass wir in Berührung kommen mit uns selbst und mit den Dingen. Wer keine Beziehung zu den Dingen hat, wird auch unachtsam mit ihnen umgehen. Achtsamkeit ist für Benedikt Ausdruck seiner Spiritualität, die die Erde ernst nimmt. Die Spiritualität zeigt sich gerade in der Art, wie ich die Dinge dieser Welt in die Hand nehme, wie ich umgehe mit meinem Leib, wie ich umgehe mit dem Werkzeug, wie ich den

Garten pflege, wie ich die Schönheit der Natur kultiviere. Im Umgang mit den Dingen zeigt sich entweder meine Aggressivität und meine Beziehungslosigkeit oder aber meine Liebe und meine Beziehungsfähigkeit. Benedikt sieht in allem heiliges Altargerät. Der konkrete Umgang mit den Dingen wird zum Gottesdienst. Im achtsamen und ehrfürchtigem Umgang mit den Arbeitsgeräten drückt sich meine Liebe zu Gott aus und meine Ehrfurcht vor allem, was Gott geschaffen hat.

Die Schöpfungsspiritualität zeigt sich bei Benedikt nicht nur im Umgang mit den Dingen, sondern vor allem im Lob des Schöpfers. Das Stundengebet versteht Benedikt als Lob des Schöpfers. Die Schönheit der Schöpfung kommt im gemeinsamen Lobgesang zum Ausdruck. Und sie spiegelt sich in der Schönheit der Hymnen und Lieder wider. Die Griechen haben das gleiche Wort für Schöpfung und Dichtung: poiesis. Der Dichter bildet in seinen Gedichten die Schönheit der Schöpfung ab. Die Dichter müssen des Gottes voll sein, um dichten zu können, meint der griechische Dichter Pindar. In der Liturgie mit ihren spielerischen Ritualen, mit ihrer Musik und ihrer dichterischen Sprache erleben wir die Schöpfung und freuen uns an ihr. Der benediktinische Gottesdienst, in dem man sich Zeit lässt, in dem man langsam schreitet, sich voreinander verneigt, in dem man Wert legt auf gutes Singen und auf eine Kultur des Leibes, trägt dazu bei, die Schöpfung anders zu erleben. Wer in der Liturgie die Freude an der Schöpfung erlebt, der wird auch anders mit ihr umgehen. Der braucht keine moralischen Appelle, dass er die Ressourcen der Natur schonen sollte. Von der Erfahrung der Schöpfung geht auch ein achtsamer Umgang aus.

Franz Alt, der sich stark für die Nutzung alternativer Energien einsetzt, betont in seinen Vorträgen immer wieder, dass der Umweltschutz eine spirituelle Grundlage braucht. Ohne die spirituelle Dimension wird er leicht zu einer rigorosen Bewegung, in der ein großes Potenzial unterdrückter Aggressionen steckt, das sich negativ auf das Umfeld auswirkt. Die Sonnenenergie oder die Windenergie sind leise Energien. Sie beziehen ihre Kraft aus der Stille. Wenn die spirituelle Dimension der Solarenergie mitbedacht wird, dann werden wir auch Phantasie und Kreativität entwickeln, mit ihr umzugehen. Und nur dann gestalten wir den Einsatz für alternative Energie nicht moralisierend, sondern Leben fördernd. Die Ökologie wird dann nicht zu einem freudlosen Jammern über die Energieverschwendung, sondern zu einer lebensfrohen Bewegung, die Lust am Leben weckt. Die Ökologiebewegung wird nur dann die Menschen für sich gewinnen, wenn sie die Freude an der Schöpfung weckt, wenn sie den Blick für die Schönheit der Natur schärft und das Gespür für das Geheimnis stärkt. Das Geheimnis aber ist Gott selbst, der in allem waltet.

6. Wirtschaftsethik

Die Wirtschaft bestimmt die Welt. Viele Politiker klagen darüber, dass wirtschaftliche Zwänge ihr Tun bestimmen und ihre Freiheit einengen. Die Medien berichten, dass es oft wirtschaftliche Kreise sind, die die Politik nach ihren Interessen ausrichten. Die Wirtschaft ist wohl die Macht, die die Welt am meisten beherrscht. Und gerade deshalb ist es wichtig, wie die Wirtschaft arbeitet, wie sie sich selbst und die Maxime ihres Handelns versteht. Das Thema Wirtschaftsethik bestimmt heute viele Diskussionen mit Managern. Verantwortliche Firmenchefs spüren, dass wir heute ohne Wirtschaftsethik nicht weiter kommen. Hans Küng hat die Entwicklung eines Weltethos gefordert. Dieses Weltethos ist gerade für das wirtschaftliche Handeln von höchster Bedeutung. Denn da ist die Frage, ob wir alles, was wir können, auch tun dürfen oder ob wir unsere Forschung und unsere Produktion nach Normen richten sollen, die auf Dauer ein gedeihliches Miteinander ermöglichen. Man spricht heute von nachhaltigem Wirtschaften, das nicht nur die Verantwortung für das Überleben der Firma in den Blick nimmt, sondern auch die nachfolgenden Generationen, die am heutigen Wirtschaften keinen Schaden leiden dürfen.

Benedikt hat in seiner Regel auch das wirtschaftliche Gebaren des Klosters behandelt. Ihm ist zum einen wichtig, dass die Mönche von ihrer eigenen Hände Arbeit leben. Sie sollen also nicht auf Kosten anderer leben. Ja, ihre Arbeit sollte soviel Ertrag bringen, dass sie damit andere unterstützen können. Vom Cellerar fordert er: „Um Kranke, Kinder, Gäste und Arme soll er sich mit großer Sorgfalt kümmern; er sei fest davon überzeugt: Für sie alle muss er am Tag des Gerichtes Rechenschaft ablegen" (RB 31,9). Wie eine Firma mit kranken Mitarbeitern und Mitarbeiterinnen umgeht, ist entscheidend für das Betriebsklima und für das Klima in der Gesellschaft. Eine Firma hat auch eine Fürsorgepflicht für Mitarbeiter, die sich für die Belange der Firma eingesetzt haben, aber nun krank geworden sind oder eine Phase der inneren Krise durchmachen, die die Effektivität ihrer Arbeit schmälert. In der Art, wie eine Firma für ihre kranken Mitarbeiter sorgt, zeigt sich ihre Einstellung zum Menschen. Die Sorge und Ehrfurcht vor dem kranken Mitarbeiter wird sich von der Firma aus in die Gesellschaft ausbreiten. Die Kultur des Miteinanders wird in den Betrieben eingeübt.

Die Sorge für die Gäste bezieht sich heute auf den Umgang mit Ausländern, mit Arbeitnehmern aus anderen Ländern. Jede Firma hat eine Verpflichtung, mit ausländischen Mitarbeitern gut umzugehen, ihre Lebensgewohnheiten zu achten und sie in die Gemeinschaft zu integrieren. Wenn eine Firma eine eigene Kultur entwickelt im Umgang mit ausländischen Mitarbeitern, dann wirkt sich das positiv auf das gesellschaftliche Umfeld aus. Statt Ausländerfeindlichkeit entstehen Integration und Freude an den Gaben, die Menschen aus anderen Ländern in unsere Kultur einbringen. Wenn die Firma ihre ausländischen Mitarbeiter nur ausnützt, um ihren Profit zu steigern, dann fühlen sich die Menschen benutzt. Das erzeugt ein Aggressionspotenzial, das der Seele des Einzelnen schadet und ein gutes Miteinander verhindert. Der Fremde ist bei den Griechen immer schon der Gastfreund, den man freundlich aufnimmt, weil er einem etwas Neues, Fremdes, bisher nie Gesehenes und Gehörtes, schenkt. Was der Fremde mir zu bieten hat, erkenne ich aber nur, wenn ich auf ihn höre, ihn ernst nehme, ihn in seinem Anderssein achte.

Die Armen, für die der Cellerar sorgen soll, sind heute nicht nur die Menschen in der Dritten Welt und nicht nur die Menschen am Rand der Gesellschaft, sondern vor allem auch die Arbeitslosen. Das Wirtschaften darf nicht nur auf größte Effizienz aus sein. Es braucht auch Phantasie, wie die Arbeit gerecht verteilt werden kann, wie das Heer der Arbeitslosen abgebaut werden kann. Wer kreativ arbeitet, wer neue Ideen entwickelt, der schafft auch Arbeitsplätze. Die Geschichte des benediktinischen Mönchtums zeigt, dass die Klöster immer vielen Menschen Arbeitsmöglichkeiten geboten haben. Die Klöster haben eine eigene Art von Krankenversicherung und Rente entwickelt. Die Angestellten kamen in den Genuss der Heilkunst des Klosters. Jedes Kloster hatte einen Kräutergarten und eine Apotheke. Und sie hatten die Garantie, dass sie bis zu ihrem Lebensende versorgt waren. Im Alter hatten sie kleinere Dienste zu verrichten, ihre Bezüge an Lebensmitteln und an Geld liefen aber weiter. Diese benediktinische Art der Kranken- und Alterssicherung war von Ehrfurcht und Achtung vor der Würde des Einzelnen geprägt.

Der wichtigste Grundsatz benediktinischer Wirtschaftsethik heißt: die Würde des Menschen achten. Alles Wirtschaften soll dem Menschen und seiner Würde dienen. Der Mensch darf nicht zum Sklaven des wirtschaftlichen Erfolges degradiert werden. Bei Benedikt zeigt sich dieser Grundsatz in der Achtung vor dem Einzelnen. Der Cellerar soll keinen von oben herab behandeln, sondern jeden achten, auch wenn er noch so unvernünftige Wünsche äußert. Immer wieder schärft Benedikt dem Cellerar ein, dass er keinen Bruder kränke, dass er zu jedem freundlich sein sollte und dass er keinem seine Macht zeige. Heute werden Mitarbeiter häufig nur nach ihrer Leistung beurteilt. Wenn sie nichts bringen, dann werden sie gefeuert. Doch das erzeugt ein Klima von Aggressivität, das die Menschen krank macht. Allein der kurzfristige Erfolg zählt. Doch langfristig entstehen daraus höhere Kosten. Da sind die Krankheitskosten und die Ausgaben für Entlassung und Neueinstellung. Vor lauter Fixierung auf den Erfolg übersieht man das Wohl des Menschen und arbeitet damit auch wirtschaftlich kontraproduktiv. Nachhaltig wird nur derjenige Erfolg haben, der den Menschen achtet.

Ein anderer Aspekt der benediktinischen Wirtschaftsethik wird im Kapitel über die Handwerker beschrieben. Beim Thema der Arbeit habe ich dieses Kapitel schon behandelt. Nun möchte ich nur noch kurz auf die Bedeutung der dortigen Grundsätze für heutiges Wirtschaften eingehen. Der Handwerker soll seine Kunst in aller Demut ausüben, das heißt, er soll in Berührung sein mit den Dingen, die er gestaltet. Er soll sich nicht abheben von seinem Tun, indem er nur noch auf den finanziellen Nutzen sieht. Wenn bei allem Wirtschaften nur noch der finanzielle Ertrag gesehen wird, dann gehen Arbeitskultur und Arbeitsmotivation verloren. Alles dient nur dem Geld. Mir erzählte ein Manager von Daimler: „Früher konnte ich meine Mitarbeiter motivieren, gute Autos zu bauen. Heute dreht sich alles nur um den shareholder value. Doch mit dem Argument, dass mit meiner Arbeit die Aktionäre immer noch mehr verdienen, kann ich niemanden motivieren." Für Benedikt ist Arbeiten vor allem Schaffen und Gestalten. Es ist schöpferisches Tun.

Wenn der Verkauf alles dominiert, dann wird der Kunde letztlich betrogen. Es geht nicht mehr um die gute Ware, sondern nur noch um die Durchsetzbarkeit des Preises. Die Sorgfalt geht verloren. Nur noch die raffinierte Verkaufstaktik dominiert. Arbeiten und finanzielles Taktieren klaffen auseinander.

Benedikt warnt vor zwei Fehlhaltungen beim Verkauf der handwerklichen Produkte: vor dem Betrug und vor der Habgier. Der Betrug bezieht sich auf die Täuschung des Käufers. Wer den Käufer austrickst, nimmt ihn nicht ernst. Er täuscht ihm etwas vor. Er ist nicht in Beziehung zu ihm, sondern nebelt ihn ein mit seiner raffinierten Verkaufstaktik. Damit aber wird die Grundlage eines gesunden Wirtschaftens zerstört. Wer betrogen ist, versucht andere zu betrügen. So geht ein Kreislauf des Betrugs weiter. Wenn Wirtschaften zu einer raffinierten Täuschung führt, dann entsteht ein Trugbild, ein Gespenst, dann verliert man die Bodenhaftung. Man handelt nicht mehr nach Treu und Glauben, wie es die alte Wirtschaftsethik formuliert hat, sondern ist nur auf den eigenen Vorteil aus, auf Kosten des betrogenen Käufers. Dann werden die Rechtsabteilungen zu den wichtigsten Bestandteilen der Firma. Wer den raffiniertesten Rechtsanwalt hat, der dominiert. Das zeigt die Perversion des Wirtschaftens. Es geht nur noch um Austricksen und Besiegen, aber nicht mehr um gute Beziehungen, um Vertrauen und Freude an dem, was geschaffen wird.

Die andere Haltung, vor der Benedikt warnt, ist die Habsucht. Wirtschaften braucht den Kontakt zu den Dingen und zu den Menschen. In der Habsucht kreist der Mensch nur um sich selbst. Es geht ihm nie um die Beziehung zu den Menschen oder um die Freude am Schönen, das er schafft. Es geht ihm nur um sich selbst. Im deutschen Wort Habsucht steckt „Sucht": Habsucht ist eine Krankheit, die den Menschen im Griff hat. Und Krankheit kann nicht zu gesundem Wirtschaften führen. Wenn das Wirtschaften von der Habsucht bestimmt wird, wird es krank und es wird die Menschen krank machen. Der Habsüchtige kann nie genug bekommen. Er ist unersättlich, weil er nicht in Berührung ist mit sich selbst. Er versucht, seinen Mangel auszufüllen mit äußeren Dingen. Sein Mangel ist jedoch ein Fass ohne Boden. Wir müssen uns dem eigenen Mangel stellen und uns vom Mangel auf den verweisen lassen, der ihn im letzten allein auszufüllen vermag: auf Gott. Auch hier zeigt sich, dass das Wirtschaften eine spirituelle Grundlage braucht. Sonst wird es maßlos. Das rechte Maß finde ich aber nur, wenn ich meinen Grund in Gott habe.

Wenn der Mönch, der die Waren des Klosters verkauft, frei ist von Betrug und Habsucht, dann verwirklicht er die Forderung des 1. Petrusbriefes: „... damit in allem Gott verherrlicht werde" (1 Petr 4,11; RB 57,9). Die Mönche sollen ihre Waren bewusst etwas billiger verkaufen, damit in allem Gott verherrlicht werde. Heute wird das Billiger-Verkaufen oft als Strategie eingesetzt, um andere Konkurrenten auszuschalten. Man spricht von Preiskampf und Preiskrieg. Das hat Benedikt sicher nicht gemeint. Das Verkaufen soll überhaupt nicht als Strategie gegen andere verwendet werden. Entscheidend ist, dass das Wirtschaften dem Menschen gerecht wird und ihm dient. Dann wird darin Gott verherrlicht. Darin zeigt sich wiederum die Verbindung von sakral und profan. Benedikts Spiritualität bezieht sich auf die konkrete Alltagswirklichkeit bis hinein in die Wirklichkeit des Wirtschaftens. Seine Wirtschaftsethik ist nicht in erster Linie von moralischen Appellen bestimmt, sondern von einer Spiritualität, die die Dinge dieser Welt ernst nimmt. Im Umgang mit den Dingen, in einem angemessenen Wirtschaften drückt sich die gesunde Spiritualität aus. Und die Spiritualität als Grundlage des menschlichen Lebens wird auch das Wirtschaften menschlicher gestalten und so zum Wohl der Menschen beitragen.

7. Lust am Leben

Im Prolog fragt Benedikt den jungen Mönch, der sich überlegt, ob er ins Kloster eintreten möchte: „Wer ist der Mensch, der das Leben liebt und gute Tage zu sehen wünscht?" (RB Prolog 15). Man könnte den Psalmvers, den Benedikt hier zitiert, auch übersetzen mit: „Wer ist der Mensch, der Lust hat am Leben?" Benedikt geht es in seiner Regel darum, einen Weg zum Leben zu zeigen. Wie gelingt Leben? Wie können wir Lust am Leben gewinnen? Diese Frage bewegt heute viele Menschen. Unsere Fun-Kultur möchte ja nichts anderes als leben, und zwar sofort leben und zu möglichst günstigen Bedingungen. Doch oft genug ist die Antwort, die Menschen heute auf die Frage nach dem Leben geben, keine Hilfe, wirklich zu leben. Das Leben ist schnell verbraucht, wenn man es sofort haben möchte. Und es wird irgendwann zu billig, wenn alles zu verminderten Preisen zu haben ist. Die Fixierung auf das Spaßhaben verdirbt den Spaß. Er wird leer und auf Dauer langweilig. Er erfüllt die Sehnsucht des Menschen nicht. Der Mensch wird zum Objekt von Animateuren.

Benedikt gibt die Antwort auf die Frage nach der Lust am Leben mit einem Psalmvers: „Willst du wahres und unvergängliches Leben, bewahre deine Zunge vor Bösem und deine Lippen vor falscher Rede! Meide das Böse und tu das Gute; suche Frieden und jage ihm nach! Wenn ihr das tut, blicken meine Augen auf euch, und meine Ohren hören auf eure Gebete; und noch bevor ihr zu mir ruft, sage ich euch: Seht, ich bin da" (RB Prolog 17f.). Lust am Leben heißt nicht, einfach nur das Vergnügen suchen. Um Lust am Leben zu erfahren, brauche ich Disziplin. Ich muss die Kunst des Lebens lernen. Und die besteht darin, meine Zunge im Zaum zu halten. Die Zunge steht hier für jede Äußerung. Jesus sagt: „Nichts, was von außen in den Menschen hineinkommt, kann ihn unrein machen, sondern was aus dem Menschen herauskommt, das macht ihn unrein" (Mk 7,15). Wir müssen auf das achten, was in uns ist. Wir dürfen es nicht unachtsam herauslassen. Es braucht das Ringen um die Verwandlung des Inneren, damit das, was wir sprechen und tun, dem Leben dient, anstatt es zu zerstören. Wer das Leben sucht, soll das Böse meiden, sich vom Bösen abwenden und das Gute tun. Das Böse verhindert Leben, indem es Besitz vom Menschen ergreift. Das Böse ist das Unzweckmäßige, das Naturwidrige, das Zerstörende, das Verwirrende. Davon soll sich der Mensch abwenden. Im Lateinischen heißt es: „deverte a malo". Es geht um Umkehr, Abkehr, Wegkehr. Sie ist die Bedingung, sich dem Guten zuzuwenden und es auch zu tun. Nicht indem ich ständig das suche, was mir gut tut, sondern indem ich das Gute tue, werde ich Lebendigkeit erfahren. Im Tun des Guten erlebe ich mich lebendig. Da blüht Leben in mir auf.

Eine andere Voraussetzung sieht Benedikt darin, den Frieden zu suchen und ihm zu folgen, ihm nachzujagen („sequere" im Lateinischen). In allem soll der Mönch der Spur des Friedens nachspüren. Was dient dem Frieden? Bin ich mit mir im Frieden, mit der Schöpfung, mit den Menschen? Wie gelingt es mir, Frieden zu verbreiten? Der Mönch soll ein Gespür für die Spuren entwickeln, die zum Frieden führen. Wenn er um sich herum Frieden verbreitet, dann erfährt er Leben. Er gräbt seine Spur des Friedens in diese Welt ein. Sein Leben wird wichtig für diese Welt. Dann – so sagt Benedikt – wird er um sich herum Gottes heilende und befriedende Gegenwart erfahren. Gottes Zusage seiner liebenden und befreienden Nähe wird für ihn zur eigentlichen Erfahrung von Leben. Von Gottes Liebe umgeben wird er Lust am Leben erfahren.

Benedikt schließt seine Einladung in die Kunst des Lebens mit dem Satz ab: „Liebe Brüder, was kann beglückender (dulcius) für uns sein als dieses Wort des Herrn, der uns einlädt? Seht, in seiner Güte zeigt uns der Herr den Weg des Lebens"

(RB Prolog 19f.). Nach Leben sehnen sich heute vor allem junge Menschen. Sie möchten das Leben in vollen Zügen genießen. Doch oft genug verwechseln sie Leben mit Erleben. Sie meinen, wenn sie viel erleben, dann sei das die Fülle des Lebens. Benedikt verweist uns auf den Herrn, der uns den Weg des Lebens und den Weg zum Leben zeigt. Der Evangelist Lukas hat Jesus als den Anführer und Anstifter zum Leben bezeichnet. Er geht uns voraus auf dem Weg des Lebens. Wenn wir ihm folgen, erfahren wir, was Leben in Wirklichkeit ist. Benedikt wählt hier wieder das Wort „dulcis = süß": Es meint in der geistlichen Tradition immer die innere Erfahrung Gottes. Das Wort des Herrn hinterlässt einen süßen und angenehmen Geschmack. Wer Gottes Wort in sich aufnimmt, der erlebt einen neuen Geschmack am Leben, ihm schmeckt alles süß.

Leben ist nicht von der Quantität des Erlebten abhängig, sondern von der Qualität. Die Kunst des Lebens besteht darin, ganz im Augenblick zu sein, achtsam zu sein, mit sich und mit der Welt im Einklang zu sein, mit allen Sinnen wahrzunehmen. Wenn ich ganz in meinen Sinnen bin, dann erlebe ich alles, was mir begegnet, intensiv. Dann schaue ich in allem das Geheimnis, dann sehe ich in allen Dingen den unsichtbaren Gott. Wenn ich ganz im Hören bin, höre ich das Unhörbare, den Unhörbaren. Leben besteht nicht in erster Linie im Konsumieren, sondern im Wahrnehmen, im Spüren, im Kosten und Schmecken. Nicht wie viel ich in mich aufnehme entscheidet, ob ich wirklich lebe, sondern wie ich das, was sich mir anbietet, wahrnehme und erlebe. Es geht um die Intensität des Lebens. Und die braucht Ruhe, Gelassenheit, Freiheit, Staunen, Sich-Einlassen auf das, was ist.

Benedikt verweist gerade im Prolog immer wieder auf die Worte der Heiligen Schrift, um uns den Weg des Lebens aufzuzeigen. Neben den Psalmen zitiert er den Schluss der Bergpredigt als den wahren Weg zum Leben: „Wer diese meine

Worte hört und danach handelt, ist wie ein kluger Mann, der sein Haus auf Fels gebaut hat. Als nun ein Wolkenbruch kam und die Wassermassen heranfluteten, als die Stürme tobten und an dem Haus rüttelten, da stürzte es nicht ein; denn es war auf Fels gebaut" (RB Prolog 33f.; Mt 7,24f.). Benedikt ist davon überzeugt, dass die Worte Jesu uns den Weg zum Leben erschließen. Die frühe Kirche sah in der Bergpredigt die Weisung Jesu zusammengefasst. Wer der Bergpredigt folgt, der findet wahres Leben. Die Bergpredigt ist eine Auslegung des Vaterunsers. Das Vaterunser steht genau in der Mitte der Bergpredigt. Und die einzelnen Abschnitte der Bergpredigt entsprechen den Vaterunserbitten. Das neue Verhalten, das Jesus uns vor Augen hält, entspringt dem Beten. Jesus stellt keine Moralprinzipien auf. Er zeigt uns vielmehr, wie der Mensch zu leben vermag, wenn er aus der Erfahrung des Gebetes heraus lebt. Das Verhalten strömt aus dem Gebet. Und umgekehrt ist unser Beten nicht etwas Unverbindliches. Es drängt zu neuen Verhaltensweisen. Das benediktinische „ora et labora" ist in der Bergpredigt grundgelegt. Im Vaterunser erfahren wir, dass wir Söhne und Töchter Gottes sind. Als Söhne und Töchter Gottes werden wir anders miteinander und mit unseren Bedürfnissen und Emotionen umgehen. Die Bergpredigt ist Jesu Anweisung zu einem Leben, das den Riss heilt, der durch die Gesellschaft geht. Für Benedikt ist die Bergpredigt der Weg zu einem friedvollen Miteinander in der Gemeinschaft. Sie ist die Quelle des Friedens für diese Welt.

Das Gleichnis von dem Haus auf dem Felsen wird in einer Predigt des Johannes Chrysostomus als Beweis für seine These genommen: „Keiner kann dich verletzen außer du selbst." Wer sein Haus auf den Felsen baut, dem können die inneren und äußeren Stürme nichts anhaben. Die Fluten der Emotionen, die auf ihn einströmen, verletzen ihn nicht. Menschen, die gegen ihn kämpfen, die ihn verleumden und gegen ihn intrigieren, haben keine Macht über ihn. Sein Haus bleibt stehen. Es hat seinen Grund nicht im Beliebtsein bei den Menschen, sondern in Christus. In einer Gemeinschaft werden wir immer wieder verletzt. Da haben wir manchmal den Eindruck, dass wir in einem Emotionsbrei stecken, in einer Flut verdrängter Aggressionen und unterdrückter Bedürfnisse. Manche gehen in dieser Flut unter. Jesus ist überzeugt, dass all die Stürme und Fluten uns nichts anhaben können, wenn wir unser Haus auf den Felsen seines Wortes gebaut haben. Die Emotionen, die auf uns einströmen, verweisen uns immer wieder auf den Grund unseres Lebens. Sie fordern uns heraus, unseren Grund nicht in Gefühlen, in Beziehungen, in Strukturen oder in der Leistung zu sehen, sondern in Gott. Nur dann werden wir die Wasserfluten unbeschadet überleben. Mit dem Gleichnis vom Haus, das auf dem Felsen gebaut ist, verweist uns Benedikt auf den eigentlichen Grund unseres Lebens. Es ist Christus selbst. Wenn wir auf Christus unser Haus bauen, dann finden wir den Weg zum wahren Leben, dann lernen wir, immer und überall Lust am Leben zu haben, selbst in den Stürmen unseres Lebens, selbst in den Fluten von Emotionen, die täglich auf uns einstürzen. Christus als Grund unseres Lebenshauses schenkt uns Sicherheit und Freiheit, Ruhe und Gelassenheit in allen Widerfahrnissen unseres Lebens.

Eine entscheidende Bedingung, um wirklich Leben zu erfahren, ist, dass wir uns nicht ständig selbst verletzen. Es gibt viele, die sich das Leben schwer machen, weil sie sich immer wieder verletzen lassen oder sich selbst verletzen. Sie entwerten sich selbst, sie verurteilen sich, sie beschuldigen sich, sie suchen bei jedem Konflikt sofort die Schuld bei sich selbst. Oder sie lassen sich von anderen verletzen, weil sie ihnen zuviel Macht über sich geben. Sie machen sich völlig abhängig von der Zuwendung eines Menschen. Wenn ich in einem Menschen meinen Erlöser oder mein Heil sehe, dann verletze ich mich selbst. Denn kein Mensch kann diese Erwartung einlösen. Allein Christus ist mein

Erlöser und nicht ein Mensch, auf den ich alle meine Hoffnungen projiziere. Johannes Chrysostomus meint, dass nicht die Menschen uns verletzen, sondern die Vorstellungen, die wir uns von ihnen machen. Wenn ich einen Menschen mit einem archetypischen Bild identifiziere, wie zum Beispiel mit dem Bild des Erlösers, des Heilers, des Helfers, dann bekomme ich eine falsche Vorstellung von ihm. Ich übertrage etwas auf ihn, was letztlich nur Gott zusteht. Mit diesen quasi religiösen Vorstellungen von den Menschen verletze ich mich selbst. Denn die Menschen werden meine Bilder, die ich mir von ihnen mache, nie einlösen. Jesus lädt uns ein, uns selbst und die Menschen richtig zu sehen. Ich kann mich und die anderen aber nur dann richtig sehen, wenn ich meinen Grund in Christus habe, wenn ich meine ganze Hoffnung auf Christus setze und von ihm Heil und Leben erwarte.

Benedikt möchte den Mönchen nichts Hartes und Schweres auferlegen. Wem das Leben in der klösterlichen Gemeinschaft manchmal doch hart erscheint, den ermutigt er: „Lass dich nicht sofort von Angst verwirren und fliehe nicht vom Weg des Heils; er kann am Anfang nicht anders sein als eng. Wer aber im klösterlichen Leben und im Glauben fortschreitet, dem wird das Herz weit, und er läuft in unsagbarem Glück der Liebe den Weg der Gebote Gottes" (Prolog 48f.). Der Weg des Heils, der Weg, auf dem wir heil werden und ganz, ist nach einem Wort Jesu eng (Mt 7,13f.). Der breite Weg ist der Weg, den alle gehen. Der enge Weg ist der Weg, auf dem ich meine persönliche Berufung lebe, auf dem ich zu der Gestalt heranwachse, die Gott mir zugedacht hat. Um meinen eigenen Weg zu finden, muss ich durch das enge Tor schreiten, das allein für mich bestimmt ist, um in die Weite zu gelangen. Franz Kafka erzählt in einer Parabel von einem Mann, der durch das Tor zum Schloss möchte. Doch ein Torhüter hindert ihn daran. Er wartet vor dem Tor, bis er alt und krank wird. Als er im Sterben liegt, schließt der Pförtner das Tor mit den Worten: „Dieses Tor war nur für dich bestimmt." Es gibt viele Menschen, die ihr Leben lang nicht durch das Tor schreiten, das sie zum Leben führt. Sie laufen lieber den anderen nach. Oder sie haben Angst, durch das enge Tor zu schreiten. Sie scheuen die Anstrengung, den Torhüter zu bedrängen, bis er sie durchlässt. Das enge Tor ist nicht das Tor der Leistung, sondern das Tor, das allein für mich bestimmt ist. Um durch dieses Tor zu schreiten, muss ich die Illusionen loslassen, die ich mir von mir gemacht habe. Der spirituelle Weg, wie Benedikt ihn versteht, befreit mich von allem Ballast, den ich mit mir herumschleppe, damit ich durch das enge Tor auf den Weg des Heiles treten kann, auf den Weg, der mich zum Heil führt, auf dem ganz ich selber werde. Dieser Weg führt mich in die Weite.

Das Bild des weiten Herzens übernimmt Benedikt aus der Tradition der Väter. Ambrosius meint, nur das weite Herz biete Gott Raum, darin zu wohnen. Und Cassian ist überzeugt, dass nur ein weites Herz zur Ruhe kommen und inneren Frieden finden kann. Der engherzige Mensch wird kleinmütig und ungeduldig. Wenn die Sturzflut der Aggression oder Depression in das enge Herz strömt, wird es davon überflutet. Wenn das Herz durch die Liebe weit geworden ist, dann werden die Fluten der Emotionen in ihm rasch verebben (Holzherr 50). Die Fülle des Lebens kann nur ein weites Herz erfahren. Ein kleinkariertes Herz ist für die Lebendigkeit zu eng. Es wird sich ängstlich an Gebote klammern, anstatt sich dem Leben hinzugeben. Augustinus spricht davon, dass Liebe und Freude das Herz weit machen. Benedikt hat das Wort vom weiten Herzen sicher auch in Psalm 119,32 gefunden. Dieser Psalm ist Benedikt ans Herz gewachsen. Wer die Gebote Gottes bedenkt, wer Gottes Liebe meditiert, dessen Herz wird weit. Wer wirklich Gott erfahren hat, der bekommt ein weites Herz. Das weite Herz ist für Benedikt Kennzeichen echter Spiritualität.

Die Weite Benedikts täte unserer Kirche heute gut. Da erlebe ich viel Kleinkariertheit und Ängstlichkeit. Da bekommen Bischöfe Angst, wenn Christen östliche Meditationsweisen üben und den Dialog mit anderen Religionen wagen. Manche kirchliche Diskussionen kreisen um nebensächliche Themen, um Strukturprobleme, um Gebote und Gesetze, um Rubriken, wie nun genau der Gottesdienst gefeiert werden müsste. In solchen Diskussionen vermisse ich die Weite der Spiritualität. Spirituelle Menschen sind immer auch weite Menschen. Sie machen sich Gedanken darüber, wie der Weg der Menschheit weitergeht, was die wichtigsten Fragen unserer Zeit sind und wie wir als Christen darauf antworten können. Die Weite befruchtet Diskussionen. Da geht es um das Leben, um das Eigentliche. Wie gelingt Leben? Wie können wir in der einen Welt miteinander in Würde und Achtung zusammenleben? Welches Gepäck brauchen wir für den Weg durch das dritte Jahrtausend?

Das weite Herz ist die eine Bedingung für die Erfahrung wirklichen Lebens. Das andere Merkmal ist das „unsagbare Glück der Liebe". Im Lateinischen steht hier: „inenarrabili dilectionis dulcedine = die unbeschreibliche Süßigkeit der Liebe". Die Liebe hat einen süßen Geschmack. Im Deutschen hat das Wort „süß" seine eigentliche Bedeutung eingebüßt. „Dulcedo" ist für die Lateiner bedeutungsgleich mit Liebe. Die Liebe ist süß. Sie schmeckt süß. Die Lateiner wussten, dass die Liebe dem Menschen einen anderen Geschmack verleiht als etwa Hass, der den Menschen bitter macht. Für die Lateiner besteht die Weisheit im Schmecken (sapientia). Wer die Essenz schmeckt, der ist weise. Wer liebt, der bekommt einen süßen und angenehmen, einen lieblichen Geschmack. Ihm schmeckt das Leben. In der geistlichen Tradition spielt die „dulcedo Dei = die Süßigkeit Gottes" eine wichtige Rolle. Die Gotteserfahrung hinterlässt im Menschen einen süßen Geschmack. Die „dulcedo Dei" bezieht sich immer auf die innere Erfahrung Gottes im eigenen Herzen. Gott ist nicht das Gefühl. Aber er hinterlässt im Gefühl seine Spuren. Wir können Gott nicht schauen, aber wir dürfen ihn schmecken. Der süße Geschmack ist die tiefste Erfahrung Gottes, die uns möglich ist. Für Gregor den Großen ist die innere Süße die Frucht der Kontemplation. Er spricht davon, dass die Seele nicht ohne Freude sein kann. Die unzerstörbare Freude ist die spirituelle Freude. In der Kontemplation wird die Seele von einer unaussprechlichen Süße durchdrungen. Diese Süße der Gotteserfahrung meint Benedikt, wenn er von der unaussprechlichen „dulcedo" der Liebe spricht.

Die Kirchenväter sehen in der Verwandlung des Bitterwassers in süßes Wassers ein Bild für die Wirkung Jesu Christi (vgl. Ex 15,22–25). Der Stab, den Mose in das bittere Wasser wirft, ist für die Kirchenväter ein Symbol für das Kreuz. Am Kreuz hat Christus alle Bitterkeit dieser Welt in Süßigkeit verwandelt. Am Kreuz hat Christus uns bis zur Vollendung geliebt. Diese Liebe, die alles umfasst, verwandelt unsere Bitterkeit in einen süßen und angenehmen Geschmack. Durch die Begegnung mit Christus wandelt sich unser Lebensgefühl. Die giftigen Gefühle lösen sich auf. Das Leben schmeckt nicht mehr bitter, sondern süß. Augustinus hat diese Erfahrung in dem Psalmvers gefunden: „Quam magna multitudo dulcedinis tuae, domine = wie groß ist die Menge deiner Süße, Herr" (Ps 30,20 nach der Vulgata-Übersetzung). Diesen süßen Geschmack des Lebens kann man nicht mehr mit Worten ausdrücken. Aber unser aller Sehnsucht geht nach diesem süßen Geschmack der Liebe. Darin besteht das Leben. Der Weg zu dieser Wonne der Liebe geht für Benedikt über die Gebote Gottes, über die Weisungen des Herrn. Aber es ist kein mühsamer Weg, sondern ein Laufen. Wer das Leben geschmeckt hat, der läuft seinen Weg, dem geht alles leicht von der Hand, bei dem „läuft es".

Bei den vielen Verheißungen von Lebendigkeit, Lebensqualität, Lebensfülle, die uns heute überall begegnen, könnte uns

Benedikt einen gangbaren Weg zeigen, wie unsere Sehnsucht nach Leben erfüllt werden kann. Es ist kein billiger und schneller Weg, sondern ein Weg, der am Anfang durchaus Mühe kostet. Denn auf diesem Weg müssen wir manche Illusionen von Glück und Leben loslassen. Wir müssen lernen, was wirkliches Leben ist. Leben besteht in der Fähigkeit, ganz im Augenblick zu sein, intensiv zu leben. Und Leben besteht in der Weite des Herzens und in der Süßigkeit der Liebe. Leben schmeckt. Mit einem weiten Herzen kann ich die Weite und Freiheit des Lebens erfahren. Aber der Weg zu dieser Weite des Herzens geht über die Enge der Ordnung und des Verzichtes. Um genießen zu können, muss ich verzichten lernen. Um weit zu werden, muss ich mich auf die Enge einlassen. Nur wer bereit ist, sich in einer konkreten Gemeinschaft – sei es die begrenzte Klostergemeinschaft, sei es Ehe und Familie – zu binden, dessen Herz wird weit. Die Weite des Herzens mitten in der Enge des Alltags zu erfahren, das ist wirkliche Lebensqualität. Wenn ich mit diesem weiten Herzen durch die alltäglichen Konflikte und Kleinkariertheit meiner Umgebung hindurchgehe, werde ich überall lebendig sein und frei. Niemand kann mir die Weite nehmen.

Schluss

In der geistlichen Begleitung begegne ich immer wieder Menschen, die von einer engen und ängstlichen Spiritualität geprägt sind. Sie kreisen vor allem um die Frage der Schuld, ob sie alles richtig gemacht hätten. Sie bewerten alle Gedanken und Gefühle, die in ihnen aufsteigen. Sie haben immer das Gefühl, sie seien nicht spirituell genug. Sie verurteilen sich, dass sie nicht genügend meditieren, dass sie noch aggressive Impulse und sexuelle Phantasien in sich spüren. Wenn ich dann von der benediktinischen Spiritualität erzähle und von den Erfahrungen der Wüstenväter, die Benedikt in seinen geistlichen Weg integriert hat, dann ist es für sie befreiend. Sie spüren, dass es nicht um kleinliches Befolgen von Geboten geht, nicht um die Beruhigung des eigenen Über-Ichs, sondern um die Weite der Liebe Gottes, die sich auch in einem weiten menschlichen Herz ergießen möchte. So bin ich davon überzeugt, dass die benediktinische Spiritualität den Menschen von heute gut tut. Sie ist konkret, geerdet, weit und voller Milde und Güte.

Doch Benedikts Bedeutung erschöpft sich nicht in seiner Auswirkung auf die Spiritualität des Einzelnen. Wie Benedikt zu seiner Zeit auch eine gesellschaftliche und politische Wirkung hatte, so könnte sein Modell des Miteinanders auch heute im Zeichen der Globalisierung wegweisend sein. Das gilt einmal von der Art des Wirtschaftens, wie Benedikt es beschrieben hat. In Kursen für Manager erlebe ich immer wieder, wie ihnen die Führungsgrundsätze Benedikts gut tun. Im Gespräch mit unserem Abt, der sich gerne ihren Fragen stellt, kommt immer wieder ihr Erstaunen zum Ausdruck, dass diese alte Regel auch ihnen etwas zu sagen hat, nicht nur für ihr Führungsverhalten, sondern auch für die Frage, wie unsere Gesellschaft Arbeit neu verstehen und leben kann. In unserer Überfluss- und Wegwerfgesellschaft könnte gerade der achtsame und behutsame Umgang mit den Dingen ein neues Gespür für nachhaltiges Wirtschaften wecken.

Benedikt hat in seine Gemeinschaft nicht nur römische Bürgersöhne aufgenommen, sondern auch Goten. Seine Gemeinschaft war schon damals multikulturell. Heute versuchen benediktinische Gemeinschaften auf der ganzen Welt, Menschen unterschiedlicher Herkunft und Rasse zu integrieren. Das tägliche Miteinander ist für sie ein Übungsweg, den Anderen zu achten und in ihm trotz all des Unverständlichen, das bleibt, Christus zu sehen. Benedikt hat keine Theorie aufgestellt, wie das Miteinander der verschiedenen Kulturen sein sollte. Er verweist seine Mönche auf den täglichen Übungsweg, der nicht ohne Konflikte zu einem gedeihlichen Miteinander führt. Aber gerade dieser konkrete Weg, Gemeinschaft zu leben, könnte für unsere Welt ein Zeichen der Hoffnung sein, dass die vielen Kulturen und Nationen in Frieden zusammenwachsen, dass sie sich in gegenseitiger Achtung hochschätzen und so einander beschenken mit dem Reichtum, den Gott in jeden Menschen, in jede Kultur, in jede Religion gelegt hat.

IV.

LITERATUR

Eine kommentierende Einführung in Werkausgaben
und in Sekundärliteratur

Bei der Literatur zur Regel und zum Werk des hl. Benedikt
kann man beobachten, dass vor allem um die Jubiläumsjahre
herum wichtige Bücher erschienen sind. So hat das Jahr 1947
zum 1400. Todesjahr des hl. Benedikt eine Fülle von Büchern
hervorgebracht. Das Jubiläum 1980 zum 1500. Geburtsjahr des
hl. Benedikt hat viele Benediktinermönche dazu veranlasst,
neu über die Bedeutung des hl. Benedikt für unsere Zeit nach-
zudenken. Seither sind nur vereinzelte Beiträge zur spirituellen
Bedeutung Benedikts erschienen. Die benediktinische Zeitschrift
„Erbe und Auftrag", die sechsmal jährlich erscheint, bringt ständig Artikel, die sich mit der Bedeutung Benedikts für unsere
Zeit auseinander setzen.

1. Regelausgaben

Basilius Steidle, Die Benediktus-Regel (lat.-deutsch). Die Regel
des hl. Benedikt, Beuroner Kunstverlag, Beuron (zahlreiche Auf-
lagen).

Basilius Steidle war Mönch in Beuron und viele Jahre Professor
am monastischen Institut in Rom. Seine Regelübersetzung war
lange Zeit in Deutschland die klassische Ausgabe. Und sein
Kommentar hat viele nachfolgende Autoren beeinflusst.

Die Regel des hl. Benedikt. 15. neu bearbeitete und übersetzte Auflage. Herausgegeben im Auftrag der Salzburger Äbtekonferenz, Beuron 1992.

Ein Team von Benediktinern und Benediktinerinnen hat im Auftrag der Salzburger Äbtekonferenz die Regel neu übersetzt, in eine Sprache, die unserem heutigen Empfinden gerecht wird. Diese Ausgabe ist sehr solide. Auch die Einführung in die Regel nimmt den heutigen wissenschaftlichen Erkenntnisstand ernst und informiert gut über die wichtigsten theologischen Leitlinien der Regel. Vor allem legen die Herausgeber großen Wert auf die Schriftzitate der Regel und auf die monastischen Quellen, aus denen Benedikt schöpft.

Die Zitate aus der Regel Benedikts (RB) entstammen alle entweder dieser Ausgabe oder der Übersetzung von Georg Holzherr.

Georg Holzherr, Die Benediktsregel (lat.-deutsch). Eine Anleitung zu christlichem Leben, Einsiedeln 1980 (4., überarb. Aufl. 1993).

Der Abt von Einsiedeln hat die Regel Benedikts vor allem auf die Quellen hin untersucht, aus denen sie schöpft. Dabei interessiert er sich besonders für die Quellen des östlichen Mönchtums, der Wüstenväter sowie der Gemeinschaftsklöster eines hl. Basilius oder eines hl. Pachomius. So hat er die einzelnen Kapitel der Regel vor allem auf dem Hintergrund des östlichen Mönchtums kommentiert. Auf diese Weise wird deutlich, dass Benedikt die Weisheit und Erfahrung des östlichen Mönchtums in die Spiritualität des westlichen Mönchtums übernimmt und in die Mentalität des Westens übersetzt. Durch die Konfrontation der Regel mit den Quellen, aus denen sie schöpft, wird der Reichtum der Regel erst offenbar. Und Holzherr weist damit der Regel ihren richtigen Platz zu. Denn in den dreißiger Jahren hat man die Regel Benedikts allzu sehr als etwas Eigenständiges gesehen, ohne ihre Quellen genügend zu berücksichtigen. Die Regel ist nicht verständlich, wenn sie nicht auf dem Hintergrund des östlichen Mönchtums gesehen wird. Da wird deutlich, dass sie vor allem einen spirituellen Weg beschreibt, den inneren Weg des unablässigen Gebetes innerhalb einer konkreten Gemeinschaft.

Adalbert de Vogüé, La Règle de Saint Benoît I–VII (= Sources chrétiennes 181–186, Paris 1972–1977).

Das ist sicher das ausführlichste Werk über die Regel des hl. Benedikt. Adalbert de Vogüé ist wohl der beste Kenner der Regel und ihrer monastischen Quellen. Georg Holzherr verdankt vor allem der immensen Arbeit von Vogüé viele Hinweise und Zitate.

2. Bücher zur Regel und zur Gestalt Benedikts

Gertrude und Thomas Sartory, Benedikt von Nursia. Weisheit des Maßes, Freiburg 1981.

Dies ist eine Auswahl aus der Regel und eine gute Einführung in die Geisteswelt und Spiritualität der Regel.

Ildefons Herwegen, Sinn und Geist der Benediktinerregel, Einsiedeln 1944.

Der wohl bedeutendste Abt von Maria Laach veröffentlicht hier den Ertrag seiner Vorlesungen, die er an der Laacher Benediktinerakademie über die Regel des hl. Benedikt gehalten hat. Für ihn ist der Mönch wesentlich Geistträger. Er spricht auf dem Hintergrund der Mysterientheologie, wie sie sein Mitbruder Odo Casel entwickelt hat, vor allem vom pneumatischen

Wesen des Mönchtums. „Es ist das Hauptanliegen dieses Buches, darzutun, wie sehr Benedikt vom pneumatischen Wesen des Mönchtums durchdrungen war" (S. 12). Dabei sind ihm das Eingebundensein in die Kirche wichtig und die Feier der Liturgie. Die Liturgiefeier (das Opus Die) ist für ihn der Weg, auf dem der Mönch immer mehr vom Geist Jesu Christi durchdrungen wird und so seine Aufgabe als Geistträger in der Kirche zu erfüllen vermag.

Ildefons Herwegen, Der heilige Benedikt. Ein Charakterbild, Düsseldorf 1951.

Der bekannte Abt von Maria Laach – eine der wichtigsten Persönlichkeiten in der liturgischen Bewegung – entwirft hier ein Bild des hl. Benedikt, das lange Zeit das Denken der deutschen Benediktiner geprägt hat. Allerdings entspricht es einer eher römischen und liturgischen Deutung. Die Verbindung mit dem frühen Mönchtum erscheint zu wenig. Die liturgische Bewegung bildet den Hintergrund, auf dem Benedikt vor allem als Gestalter des Chorgebetes gesehen wird.

Basil Hume, Gott suchen, Einsiedeln 1979.

Der verstorbene Abt und Erzbischof von London hat hier seine Konferenzen herausgegeben, die er als Abt vor seinen Mönchen gehalten hat. Es ist eine eigene Sicht, eine sehr menschliche Sicht des hl. Benedikt, typisch englisch, erfrischend und voller Humor.

Emmanuel Heufelder, Der Weg zu Gott nach der Regel des heiligen Benedikt, Dülmen 1948 (2. Aufl. Würzburg 1964).

Dieses Buch hat Emmanuel Heufelder, damals noch Prior in Niederalteich, zum 1400-jährigen Jubiläum des Todesjahres Benedikts geschrieben. Heufelder, später einer der bedeutendsten Äbte von Niederalteich, hat einen anderen Ansatz als Ildefons Herwegen. Für ihn ist Benedikt der Führer für die Menschen unserer Zeit auf ihrem Weg zu Gott. So wie Benedikt die Menschen in seiner Zeit den Weg der Gottsuche gelehrt hat, so sieht Heufelder die Bedeutung Benedikts für unsere Zeit gerade darin, dass er uns einen persönlichen Weg zu Gott aufzuzeigen vermag.

Georg Braulik (Hg.), Herausforderung der Mönche. Benediktinische Spiritualität heute, Wien 1979.

Zum 1500-jährigen Jubiläum haben sich Mönche der verschiedenen Benediktinerklöster und eine Benediktinerin aus Varensell zusammengetan, um wichtige Aspekte benediktinischer Spiritualität zu beschreiben. Dabei geht es ihnen vor allem darum, die Bedeutung Benedikts für unsere heutige Zeit herauszustellen. Es ist nicht nur an Mönche gerichtet, um sie auf ihrem Weg zu ermutigen, sondern „an alle, die nach einer konkreten Verwirklichung ihres religiösen Lebens, also nach einer Spiritualität suchen" (S. 7). Interessant ist an diesem Buch, dass unter den Autoren nur ein Mönch aus der Beuroner Kongregation ist, die in der ersten Hälfte des 20. Jahrhunderts maßgeblich die benediktinische Spiritualität geprägt haben. Die anderen Autoren kommen aus der Kongregation von St. Ottilien, aus der bayrischen, österreichischen und Schweizer Kongregation.

Aquinata Böckmann, Perspektiven der Regula Benedicti. Ein Kommentar zum Prolog und den Kap. 53, 58, 72, 73, Münsterschwarzach 1986.

Aquinata Böckmann lehrt am monastischen Institut in Sant' Anselmo in Rom. Sie ist eine der besten deutschsprachigen Kennerinnen der Regel Benedikts und ihrer monastischen

Quellen. Sie legt die einzelnen Verse in gediegener Weise aus. Vor allem kommentiert sie die Sprache Benedikts auf dem Hintergrund des damaligen Lateins, so dass manche Nuancen deutlicher herausgeschält werden.

Fidelis Ruppert / Anselm Grün, Christus im Bruder, Münsterschwarzach 1979.

Der Abt von Münsterschwarzach, Fidelis Ruppert, und der Cellerar der Abtei, Anselm Grün, versuchen in dieser Kleinschrift, den Glauben an Christus im Bruder, wie er in der Regel Benedikts zum Ausdruck kommt, in den konkreten Alltag und das tägliche Miteinander zu übersetzen.

Anselm Grün, Benedikt von Nursia. Seine Botschaft heute, Münsterschwarzach 1979.

Zum Benediktsjubiläum im Jahre 1980 (1500 Jahre Geburt des hl. Benedikt) hat der Autor die wichtigsten Botschaften Benedikts für unsere Zeit formuliert.

Fidelis Ruppert / Anselm Grün, Bete und arbeite, Münsterschwarzach 1982.

In dieser Kleinschrift wird die innere Verbindung von Gebet und Arbeit deutlich. Es geht darin um den spezifisch benediktinischen Weg, Spiritualität mitten im Alltag und in der Arbeit zu gehen. „Bete und arbeite" wird zum Bild für benediktinische Lebensweise und christliche Lebenskultur.

Anselm Grün, Einswerden – Der Weg des hl. Benedikt, Münsterschwarzach 1986.

Hier wird die Lebensbeschreibung des hl. Benedikt durch Papst Gregor den Großen tiefenpsychologisch ausgelegt. Die Wunder werden als Bilder menschlicher Selbstwerdung gesehen. Auf diese Weise kommt die spirituelle und menschliche Weisheit dieser Lebensbeschreibung in den Blick.

Fidelis Ruppert, Der Abt als Mensch, Münsterschwarzach 1993.

Der Abt von Münsterschwarzach untersucht auf dem Hintergrund seiner eigenen Erfahrungen mit dem Amt des Oberen die Abtskapitel der Benediktsregel. Dabei beschreibt er vor allem die Spannung zwischen Ideal und Wirklichkeit und den konkreten Weg, wie ein Mönch mit seinen Begrenzungen in das Amt des Abtes hineinwachsen und seine persönliche Weise der Amtsführung entwickeln kann.

Fidelis Ruppert/Ansgar Stüfe, Der Abt als Arzt. Münsterschwarzach 1997.

In dieser Kleinschrift behandeln der Abt von Münsterschwarzach und Br. Ansgar Stüfe, der Chefarzt des Hospitals in Peramiho in Tanzania, das Bild des Arztes in der Regel Benedikts. Fidelis Ruppert geht vor allem auf den Umgang des Abtes mit kranken Mitbrüdern ein, wie Benedikt ihn in den sog. Strafkapiteln beschreibt. Br. Ansgar zeichnet das Bild des Arztes, wie er es in der Regel für sich selbst entdeckt hat.

Mauritius Wilde, Der spirituelle Weg. Die Entwicklung des Benedikt von Nursia, Münsterschwarzach 2001.

Br. Mauritius beschreibt hier den Weg des hl. Benedikt, wie ihn Papst Gregor in seinen Dialogen gezeichnet hat. Er hat dabei vor allem die jungen Menschen im Blick, mit denen er den Weg von Subiaco nach Montecassino gegangen ist. Er zeigt, wie der Weg Benedikts auch für unseren Entwicklungsweg von Bedeutung ist.

Esther de Waal, Gottsuchen im Alltag. Der Weg des heiligen Benedikt, Münsterschwarzach 1992.

Esther de Waal, englische Geschichtsprofessorin, beschreibt hier konkret, wie eine Hausfrau und Mutter in ihrem Alltag die benediktinische Spiritualität leben kann. Es ist ein erfrischendes Buch, das Benedikts Weisheit für den Alltag in typisch englischer Weise, humorvoll und konkret, auslegt.

3. Weitere zitierte Quellen

Die Magisterregel. Einführung und Übersetzung von Karl Suso Frank, St. Ottilien 1989.

Gregor der Große: Die vier Bücher der Dialoge. Übersetzt von Joseph Funk, München 1933 (Bibliothek der Kirchenväter, Zweite Reihe, 8 Bd. III/2).

Johannes Cassianus, 24 Unterredungen mit den Vätern. Übers. v. K. Kohlhund, Kempten 1879.

4. Weitere zitierte Monographien und Lexikonartikel

Albrecht Dihle, Art. Demut, in: Reallexikon für Antike und Christentum (RAC), Bd. III, Sp. 735–778.

Hilarius Emondo, Art. Benedikt von Nursia, in: Reallexikon für Antike und Christentum (RAC), Bd. II, Sp. 130–136.

Willibald Kammermeier, Art. Aufstieg, in: Praktisches Lexikon der Spiritualität (PLSp), Sp. 85–88.

Henri J. M. Nouwen: Ich hörte auf die Stille, Freiburg i. Br. 1978.

Otto Schaffner: Christliche Demut. Des hl. Augustinus Lehre von der Humilitas, Würzburg 1959 (= Cassiciacum XVII).

Basilius Steidle: Beiträge zum alten Mönchtum und zur Benediktusregel. Mit einem Vorwort und einer Einführung hrsg. von Ursmar Engelmann, Sigmaringen 1986.

Adalbert de Vogüé, Art. Benedikt von Nursia, in: Theologische Realenzyklopädie (TRE), Bd. V, S. 538–549.

Anselm Grün – geerdete Spiritualität

50 Helfer in der Not
Die Heiligen fürs Leben entdecken
Band 5288
Die Geschichten der Heiligen – neu erzählt und faszinierend ausgelegt.
Neue Perspektiven in ganz konkreten Alltagsnöten.

50 Engel für das Jahr
Band 4902
Die 50 Engel des Jahres sind inspirierende und diskrete Begleiter des Alltags. Ein
„himmlisches" Buch, zum Schmökern und Verschenken.

50 Engel für die Seele
Band 5277
Anselm Grün ermutigt auf wohltuend vertraute und inspirierende Weise, sich auf die
Kräfte einzulassen, die unser Leben beflügeln.

Jeder Mensch hat einen Engel
Band 4885
Engel: Jeder Mensch braucht im Haus seiner Seele besondere Räume des Schutzes,
des schöpferischen Versunkenseins.

Herzensruhe
Im Einklang mit sich selber sein
Band 4925
Der moderne Seelenführer zu einem tieferen Leben.

Vergiss das Beste nicht
Band 4864
365 Anregungen, die der Seele gut tun.

Buch der Lebenskunst
224 Seiten, geb. mit Schutzumschlag
ISBN 3-451-27997-5
Anselm Grün zeigt, worauf es ankommt: Sich tief auf das Leben einlassen und offen
bleiben für das Überraschende im Leben – Tag für Tag.

HERDER